考虑顾客选择行为的在线产品定价策略研究

刘旭旺◎著

中国经济出版社
CHINA ECONOMIC PUBLISHING HOUSE
·北京·

图书在版编目(CIP)数据

考虑顾客选择行为的在线产品定价策略研究 / 刘旭旺著 . --北京：中国经济出版社，2022.12（2023.4 重印）
ISBN 978-7-5136-7206-1

Ⅰ. ①考… Ⅱ. ①刘… Ⅲ. ①企业定价-研究 Ⅳ. ①F274

中国版本图书馆 CIP 数据核字(2022)第 252463 号

责任编辑　陈　瑞
责任印制　马小宾
封面设计　任燕飞

出版发行　中国经济出版社
印 刷 者　北京柏力行彩印有限公司
经 销 者　各地新华书店
开　　本　710mm×1000mm　1/16
印　　张　12.25
字　　数　170 千字
版　　次　2022 年 12 月第 1 版
印　　次　2023 年 4 月第 2 次
定　　价　69.00 元
广告经营许可证　京西工商广字第 8179 号

中国经济出版社 **网址** www.economyph.com **社址** 北京市东城区安定门外大街 58 号 **邮编** 100011
本版图书如存在印装质量问题，请与本社销售中心联系调换（联系电话：010-57512564）

前言

PREFACE

本书是一本行为视角下在线产品与增值服务利润管理方面的研究专著。

伴随着互联网和信息技术的快速发展，平台经济已然成为一种全球化的商业模式，大力发展平台经济是中国经济发展极其重要的战略部署。在平台模式下，在线产品定价是在线零售商占有市场和获取利润的重要因素，直接影响企业的生存和发展。

然而，在平台模式下顾客表现出策略性和学习性。一方面，为简化决策过程，顾客不自觉地被产品价格、销量、在线评论等因素锚定，并进行锚定和不充分调整；另一方面，顾客基于产品数据、口碑和自身购买经验对产品认知进行加工学习。顾客的消费习惯产生了巨大转变，不再满足传统理性人假设。因此，在市场竞争越发激烈的趋势下，顾客的锚定和不充分调整心理和学习行为特征对在线零售商的产品定价提出了新的挑战。

在共享经济时代，顾客对产品增值服务越来越重视，产品增值服务存在的网络效应将对产品利润管理产生重要影响。在传统的产品线和增值服务定价问题中，顾客购买产品和增值服务获得的效用只取决于顾客的个人特征，而考虑产品和增值服务的网络效应特征，顾客的购买行为将受到其他顾客的影响。在日常生活中，很多产品都表现出很强的负网络效应，如高端品牌服装、出行工具等。因此，根据产品的市场特征，考虑顾客选择行为和网络效应的产品线和增值服务定价策略研究将具有重要的理论价值和现实指导意义。

基于此，本书考虑线上消费者在复杂环境下的锚定心理、损失规避、社会学习特征及网络效应特征，对平台经济下的在线产品定价问题展开研究，主要内容包括：

(1)通过梳理国内外相关文献，总结当前产品定价和消费者行为的研究方法和研究进展，并进行针对性述评。通过分析现有文献和现实的在线定价机制和购买环境，凝练出多因素锚定效应下的在线产品定价问题、网络效应特征下在线产品与增值服务的定价问题，梳理影响消费者行为的锚定因素和锚定机制，探索消费者锚定和学习行为下的最优产品定价策略，针对普遍存在的负网络效应，考虑不同销售阶段销量变化对消费者选择行为的影响，分析产品线动态定价问题，以提出切实可行的管理建议和运营策略为研究目标，进一步确定以锚定效应、网络效应、贝叶斯理论、前景理论和顾客选择模型作为本研究的理论基础。

(2)针对本书所使用的相关概念与理论基础，围绕期望效用理论、锚定效应、支付痛苦钝化、离散选择模型、社会学习理论、网络效应和增值服务与捆绑策略等进行详细阐述，简要分析其在运营管理研究中的应用。

(3)考虑平台模式下顾客被产品价格、销量锚定，通过锚定—调整启发法将锚定心理刻画在效用函数中，借助多项式 Logit 模型(Multinomial Logit Model，MNL 模型)，对顾客选择行为和在线产品定价展开研究。研究结果表明，顾客锚点和锚定程度对产品最优定价产生重要影响，当顾客仅被销量锚定时，最优解与锚定程度之间存在单调关系；受锚定效应影响，折扣预售更适用于在线零售商的新产品销售，并能够带来预售“红利”。然而，受销量更新规则的制约，这种预售“红利”将在一段时间后消失，在线零售商应通过不断优化产品结构和性能、提高产品与消费者需求之间的匹配度来提高产品的市场竞争力；不同于传统认知，相比零评价，少量且适度的负面信息反而有利于产品的定价和营销。在线零售商应合理利用产品相关数据预测消费者行为，定期动态调整定价策略以优化运营管理。

(4)基于两阶段混合预售模式，考虑支付痛苦钝化对消费者购买心理的影响，建立相应的产品定价模型，得到了在线产品的最优预售价格、最优销量和最大利润，分析了支付痛苦钝化对消费者行为和在线产品最优定价的影响机制。理论和数值分析表明，两阶段混合预售模式更有利于在线零售商利润最大化；受支付痛苦钝化影响，折扣预售并不一定是产品最优选择策略，支付痛苦钝化因子是影响产品预售策略的重要因素。

(5)基于负网络效应视角，考虑不同销售阶段销量变化对顾客选择行为的影响，研究产品线的动态定价问题，基于适用性较好的MNL模型，分析产品的网络效应特征，建立产品线的动态定价模型，研究产品线的动态定价、市场份额和企业利润的最优决策。构建消费者的效用函数，分析单个产品、同质产品和异质产品的最优定价、最优市场份额和最大利润的最优解，并通过数值仿真，阐明了产品线定价中考虑负网络效应的重要性，验证了模型具有较好的稳健性。

(6)考虑产品和增值服务均存在网络效应的情况，研究了产品线和增值服务在纯捆绑策略和混合捆绑策略下的最优定价、最优市场份额和最大利润问题，并分析了纯策略捆绑和混合策略捆绑下的最优解和利润差异。研究结果表明，当考虑负网络效应影响时，纯捆绑策略和混合捆绑策略下的市场份额关于利润的函数都是凹函数，从而可以求出最优定价、最优市场份额和最大利润的最优解；基于MATLAB平台，建立了一个仿真系统，定量地表示各因素变化对定价结果的影响，并给出相应的管理策略。

本书阐述了影响消费者购买行为的因素，提出在线产品定价存在的问题，探索复杂环境下在线零售商的定价策略和运营管理机制，从消费者心理和数据驱动的视角为在线零售商提供一套更具灵活性和针对性的定价机制，进一步拓展了行为运作管理理论，丰富了平台在线产品定价体系。

本书相关成果是作者及其指导的硕士研究生张玉洁和朱成娜在学期间的部分研究成果，相关内容的公开出版得到了张玉洁和朱成娜的同意和授权，相关研究工作得到了教育部人文社科基金规划项目(21YJA630061)和2021年度河南省高校科技创新人才支持计划基金项目(2021-CX-004)的支持，在此一并感谢。

本书的出版得到了河南大学商学院的鼎力支持，感谢学院领导对本书出版工作提供的指导和帮助！

感谢中国经济出版社陈瑞编辑为本书的编校工作付出的辛勤努力！

感谢本书所有引用文献和其他行为运作管理和利润管理领域相关文献的学者们，正是你们丰硕的研究成果，才给我们的研究提供了良好的创新基础和思想启发。

目录

CONTENTS

第1章

绪论

1.1 研究背景、目的与意义

1.1.1 研究背景

第四十八次《中国互联网络发展状况统计报告》显示，2021 年上半年网上零售额达 6.11 万亿元，同比增长 23.2%。平台经济突破地域限制，受益于互联网的发展，已然是一种全球化的新经济体系。其中，以天猫、京东为代表的电商平台占据我国企业对消费者(Business-to-Customer，B2C)网络零售 3/4 的市场份额。不同于传统模式，在平台模式下，消费者进入购物平台后首先输入所需产品的基本描述来检索产品，按照偏好排序方式大致浏览产品基本信息后，初步选定满足要求的产品。其次，进入该产品的详情页面浏览详情介绍和在线评论；该步骤循环往复，直至确定能够在上述浏览的产品中选出确购产品。最后，对比各目标产品，选择购买效用最大化的产品，完成购买并离开购物平台。具体的购物流程如图 1-1 所示。

显然，对于以信息化技术为基础的电商平台，一方面，产品同质化严重；另一方面，顾客在购买过程中无法当面体验产品，只能通过浏览商家提供的产品图片、详情介绍、累计销量以及在线评论等进一步了解该产品。此外，电子商务蕴藏的丰富数据资源在为消费者提供决策参考的同时，也大大增强了消费者线上购买决策的不确定性，增加了消费者

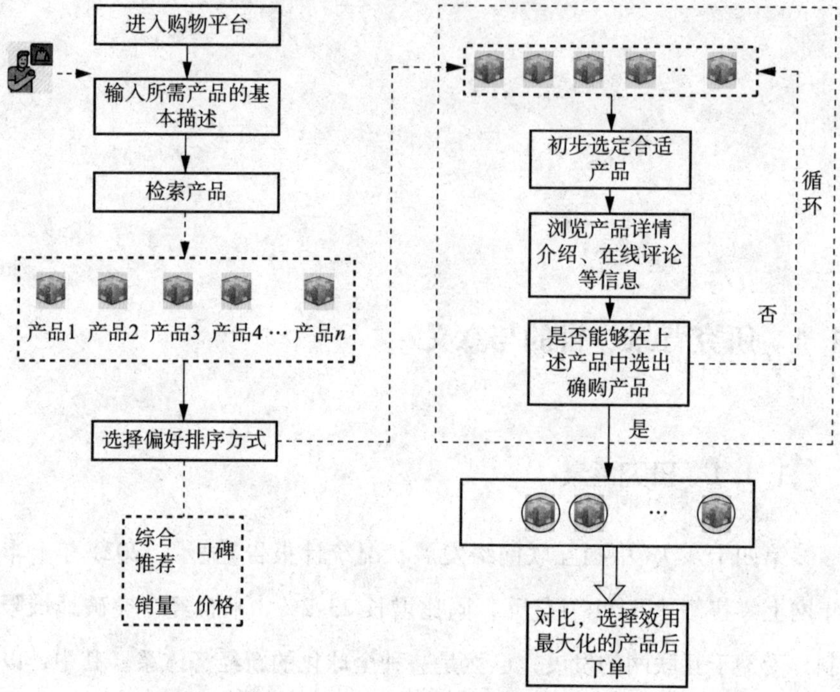

图 1-1 购物平台上的购物流程图

的选择困难。因此，考虑到信息搜索成本，相比花费大量的时间和精力去精挑细选，消费者更容易接受"网红爆款""限时促销""全网最畅销"等产品。也就是说，消费者在实际购买过程中容易被产品的价格、累计销量、在线评论等标签锚定，以简化决策过程。该过程被称为锚定效应，锚定效应是指当人们需要对某一事件做定量估测时，某些特定数值会像锚一样制约着估测值向其靠近[1]。

另外，随着网络经济的快速发展，各公司之间的竞争日益激烈。许多公司都扩张了公司的产能，追求产品和增值服务的多样化，寻求在竞争中取胜。在市场中，消费者数量众多，且年龄、受教育程度、生活方式等有所不同。消费者不再拘泥于市场提供的单一产品，而是趋向于更多种类、更多特征的多样化产品，从而满足自己的个性化需求，达到购买的目的。成功的产品线设计能够提供丰富且具有差异性的产品，扩大市场占有率，增强企业的竞争优势。在消费、金融等领域产品严重同质化的今天，增值服务已然成为各路商家获客的支柱。因为增值服务能在很大程度上影响顾客的消费决策，同时增值服务通常又可以与主营业务互相渗透，从而衍生出创新点、创新业务，促进企业营业额。价格是影响企业获取最优利润的重要因素之一，是衡量产品价值的重要体现，能调节顾客的需求结构。在复杂多变的市场环境中，产品线和产品增值服务的合理定价可以有效解决外部市场环境和内部产品的相互替代性问题。

消费者是市场活动的重要参与者。当面对多种多样的差异化产品时，消费者主要根据产品质量、价格、性能及规格等做出选择，他们可能选择同一产品线中的产品，也可能选择竞争产品，或者选择不购买任何产品而离开市场。企业可以通过信息技术等手段收集消费者的消费行为数据，发掘消费者购买产品的偏好、价格敏感性等信息，帮助企业通过一系列的产品线优化决策等手段积极地影响消费者的购买行为，从而影响定价。

随着互联网经济的快速发展，传统的消费结构发生了很大的变化。现如今，顾客对销量信息的获取更加方便，销量也越来越深刻地影响着顾客的选择。顾客进入市场后的决策都会对定价产生重要的影响。顾客购买产品获得的效用受相同或相似产品的销量影响，即产品表现出网络效应特征。网络效应通常包括正网络效应和负网络效应，正网络效应是指产品价值随购买这种产品及兼容产品的消费者的数量增加而增加，有很多产品的增值服务表现出正网络效应，例如社交软件 QQ 等，购买或使用该产品的人越多，顾客从中获得的效用就越大。反之，负网络效应是指产品价值随购买这种产品及兼容产品的消费者的数量的增加而减少，例如，交通工具、个性化的高端奢侈品等就表现出很明显的负网络效应。在传统的产品线和增值服务定价问题中，顾客购买产品和增值服务获得的效用只取决于顾客的个人特征，考虑网络效应的特性后，顾客的购买行为也受其他顾客影响。因此如何模拟顾客的选择行为，将网络效应融入产品增值服务定价过程中并使利润最大化，成为一个至关重要的问题。

综上所述，合理运用消费者的锚定心理和产品表现出的网络效应，在线零售商将有利可图。实践也验证了这一规律，例如淘宝“双十一”“双十二”，京东“618 狂欢节”，唯品会的“品牌特卖”和拼多多的“拼着买，更便宜”，等等，这些都是企业利用消费者的锚定心理而做出的营销策略。在线零售商依托购物平台的巨大流量创造价值，吸引了越来越多在线零售商的入驻，市场竞争变得更加激烈，如何获取竞争优势已成为平台模式下在线零售商亟须解决的重要问题。对此，为提高产品竞争力，在线零售商需解决以下问题：

首先，厘清影响购物平台顾客购买行为的因素及多重锚定因素对顾客行为的影响机制，如产品价格、累计销量和在线评论等，分析产品价格、累计销量和在线评论多重锚定因素下，购物平台顾客的认知变化过程和异质选择行为；阐述网络效应存在性及其对顾客选择行为的影响，进一步分析顾客选择行为对产品定价策略的影响机制。

其次，聚焦在线产品定价，结合产品多维度数据资源、行为心理学理论、深度学习等知识来追踪和预测潜在消费者购买行为，考虑网络效应对顾客选择行为的影响，同时分析产品与增值服务的不同捆绑策略，给出不同产品类别的最优定价策略。

其中，本研究围绕在线产品定价这一主题展开的原因在于，产品定价作为市场营销和运营管理的重要组成部分，关系着产品是否能够顺利进入市场、占领市场以及取得较好的经济效益，是影响顾客购买行为的最直接因素。同时，结合消费实际可知，产品价格、累计销量和在线评论是影响顾客购买行为的关键因素，也是顾客在购买过程中较为关注的因素，因此本研究选定其作为影响顾客购买行为的三大锚定因素。同时，针对普遍存在的负网络效应，考虑不同销售阶段销量变化对顾客选择行为产生影响的产品线动态定价问题，研究负网络效应对产品线动态定价策略有何影响。

1.1.2 研究目的

本研究从在线零售商定价的实际问题出发，致力于探索产品与增值服务的价格、累计销量、在线评论等多因素锚定效应对消费者心理和行为的影响机制，运用锚定效应、贝叶斯理论和前景理论刻画消费者购买心理和行为，结合离散选择模型和效用最大化准则建立产品及增值服务的静态和动态定价模型，分析多因素锚定效应下的消费者认知变化和行为决策过程。首先，从负网络效应视角，考虑不同销售阶段销量变化对顾客选择行为的影响，研究产品线的动态定价问题，基于适用性较好的MNL模型，分析产品的网络效应特性，建立产品线的动态定价模型，研究产品线的动态定价、市场份额和企业利润的相关最优决策。其次，研究了在产品和增值服务均存在网络效应的情况下，产品线和增值服务分别在纯捆绑策略和混合捆绑策略下的最优定价、最优市场份额和最大利润问题，并分析了纯策略捆绑和混合策略捆绑下的最优解和利润差异，为在线零售商数据驱动下的产品与增值服务定价决策和运营管理优化提供理论基础和决策支持。

1.1.3 研究意义

产品定价是营销组合策略和企业利润管理的重要组成部分，是提高产品竞争优势的重要因素。随着互联网经济的快速发展，传统的消费模式发生了巨大的变化。现如今，顾客对产品销量信息的获取更加方便，产品自身也越来越深刻地影响着顾客的选择。在平台模式下，如何依据不同类别产品数据预测潜在消费者行为及制定科学合理的定价策略，对在线零售商的长期运营发展具有重要意义。

(1)理论意义

①本研究丰富和发展了平台模式下的在线产品定价研究。尽管国内外学者已经从多个角度对该问题展开研究，但从消费者被多因素锚定的复杂心理和行为视角出发，分析锚定影响机制及其对定价机制的影响规律的相关研究尚不完善。本研究致力于探索平台模式下的产品价格、累计销量、在线评论等多因素锚定效应对消费者行为的综合影响，考虑销量指标动态变化的多阶段动态定价问题。本研究植根于现实管理问题，研究背景及假设符合实际，从行为运作管理角度提出创新性研究视角，旨在拓展锚定效应、网络效应、损失规避等行为视角下的在线零售商产品定价理论，丰富平台经济中在线产品定价研究。

②针对普遍存在的负网络效应，考虑不同销售阶段销量变化对顾客选择行为产生影响的产品线动态定价问题，研究负网络效应对产品线动态定价策略有何影响，丰富了相关考虑负网络效应定价的理论成果。

③以企业利润最大化为前提，考虑产品和增值服务均受负网络效应影响的情况下，纯捆绑策略和混合捆绑策略的适用性问题，为产品和增值服务的捆绑策略研究提供理论支持。

(2)现实意义

互联网和信息技术的快速发展在为商业提供便利的同时，也改变了人们的生活和消费习惯；平台模式下消费者被多因素锚定而表现出的复杂心理和行为为在线零售商的定价带来更加严峻的挑战。产品线与增值服务的最优定价能帮助在线零售商占据更多的市场份额，提升产品的竞争力，增加总利润。在产品线与增值服务定价过程中，仅考虑产品自身或者产品之间的因素，必将带来一系列问题。

①本研究运用锚定—调整启发法刻画消费者锚定心理和行为，预测潜在消费群体特征，借助仿真数值将消费者认知和行为变化过程可视化，通过调整模型参数分析锚定因素和程度对在线零售商定价、销量和利润的影响，从而为在线零售商基于历史消费数据及顾客行为分析的静态和动态定价提供理论基础和决策依据。

②顾客是市场活动的重要参与者。随着互联网的迅速发展，信息获取更加便捷，购买同一产品或相似产品的顾客势必会相互影响，若忽略这一关键因素的影响，则产品线的最优定价必然无法使企业获得最大利润。

③虽然众多学者已经从多个角度对产品定价进行了研究，但本书从网络效应角度出发，并结合增值服务进行研究，利用正负网络效应的普遍存在性，更加深入地考虑了免费增值商业模式下的定价问题，促进相关企业利润的增长。

1.2 文献综述

1.2.1 在线产品与增值服务定价

产品价格作为市场营销组合中最活跃的因素，带有强烈的竞争性和多因素的综合性。产品价格的合理性决定着企业市场营销活动的效率。现有文献主要从不同的决策目标[2-5]、竞争市场[6-8]、定价模型[9,10]等角度展开细分研究。从定价模型的目标函数来看，大部分决策目标是利润最大化[2,3]，也有部分文献旨在获得最大利润或最大效用[6,7]。从竞争市场来看，现有文献主要围绕垄断竞争市场[6,7]和寡头垄断市场[3]展开研究。根据零售商不同的发展目标，定价模型主要有成本导向型、需求导向型[7]和竞争导向型[2]。

基于信息技术而产生的线上销售模式，从一开始便凭借其便捷、高效、智能等特点吸引了众多消费者。随着线上市场竞争的日趋激烈，在线产品的定价问题成为提高产品竞争力的关键[11-13]。产品的价格作为影响消费者购买决策和企业利润的主要因素，吸引众多学者对在线产品定价问题展开一系列深入研究，主要围绕市场关系[2,3,7,9,14-18]、营销模式[3,4,6,19,20]、消费者行为[4,5,7,9,21-23]等方面，这些研究为企业的定价策略和营销模式提供理论基础和决策依据。

在市场关系方面，Chen 等以一家垄断公司为例，分析了一个受到锚定效应影响的异质消费者的行为决策模型，设计出一个两阶段定价策略，以实现利润最大化的目标[7]。Ye 等利用庞特里亚金极大化原理(Pontryagin's Maximum Principle)，建立了一个具备参考价格的垄断企业定价广告模型，得到了系统的静、动联合策略[24]。结果表明，动态策略优于静态策略。在双边垄断市场，Zhang 等研究了考虑促销的两阶段博弈产品定价问题[6]。与以往的研究不同，他们将价格歧视产生的心理效应引入了博弈模型中。结果表明，在促销平台使用费适中的情况下建议选择促销，且能够推广产品和增加正常销售期的需求量。在寡头垄断市场，Wang 等基于霍特林(Hoteling)模型研究了双方博弈定价问题[3]。在该模型中，他们将价格作为内生变量，并假设消费者对双方平台没有任何忠诚度。上述研究背景均为传统市场竞争结构，平台模式下诞生的网络零售渠道与传统零售渠道间的竞争是近些年的研究热点。Popescu 和 Wu 在网络零售渠道和传统零售渠道下，分析了不同渠道成员具备不同市场权利结构下的产品定价策略问题。[18]与传统零售渠道不同的是，顾客在线上购买过程中对产品的不确定性更强。为降低不确定性，他们需要对产品进行不同程度的信息搜索。[22]然而，这一过程需要花费时间和精力成本，一些消费者可能基于多方面的考虑而选择被价格[25-29]、质量[30]、销量[31]、搜索引擎排名[32]等锚定，从而简化决策过程，这与消费者行为领域的观点一致。[33]

在营销模式方面，Wang 等将平台补贴和优惠券作为影响变量，研究了网约车问题[3]。研究发现，对平台司机的补贴和对消费者发放的优惠券将作为价格调节的因素影响最终的定价策略。Zhang 等研究了限时促销模式下价格与订购量之间的关系，并总结出适合该模式的情况。[6]同时，从长期发展来看，限时促销将会带来消费者价格歧视心理，对产品带来的影响远超过预期的估计。此外，预售凭借其能够降低需求不确定性带来的库存风险和成本[34]、刺激消费者提前购买并增加产品销量[35]、提高产品供应与市场需求之间的匹配度[36]等优势逐渐被在线零售商广泛采用，也吸引了大量学者的关注。研究结果表明，产品价格是影响顾客购买行为的关键因素，折扣预售能够在短时间内提高产品销量并优化库存结构[37]。在折扣预售过程中，在线零售商通常将预售价格和现货价格同时标注在产品页面，以凸显预售期的价格折扣；消费者通过比较预售价格和现货价格而被产品价格信息锚定[38]。现货价格作为价格锚点提高了消费者对产品的预期效用，从而增强购买意愿，刺激消费行为。

在消费者行为方面，一些学者致力于探索异质消费群体的不同心理和行为。[39-41]Nasiry 和 Popescu 认为参考价格影响顾客对产品的认知。[9]在购买过程中，消费者并不会完全认同商家所提供的产品价格，而是将参考价格与当前价格进行对比分析，进而修正认知。在锚定效应的影响下，消费者的选择偏好逐渐向锚点偏移，且在此过程中表现出有限理性。另外，部分学者致力于探究影响消费者心理和行为的各种因素。[42-44]Cao 和 Duan[43]和 Liang 等[45]的研究表明，消费者可能受到多种因素的影响，如历史价格、质量、在线评论和竞争产品的比较信息。这些因素将影响消费者对产品的感知效用和估值，并最终影响他们的购买决策。Liu 等则认为顾客会受到有限记忆内的与产品相关的价格向量的锚定而做出不完全理性决策。[46] 对于线上消费者，价格[47]、销量、物流[48]、在线评论[35,49-51]、退货增值服务[52]、企业的历史信息[7,53]、UGC(User Generated Content)[54]等因素影响着顾客对产品的认知和购买决策。经过一段时间的销售，产品在市场中的竞争地位将发生变化，在线零售商应及时针对当前定价策略做出调整。

此外，从时间维度出发，产品定价策略可以被分为静态定价和动态定价。针对静态定价，学者们主要围绕市场竞争、消费者行为和渠道竞争等方面。然而，平台模式下，销售形式更加灵活，消费者行为也更加复杂。经过一段时间的销售，产品在市场中的竞争地位将发生变化，如高销量产品更畅销。因此，从长期发展来看，动态定价更具优势，吸引众多学者对其展开一系列深入研究。[55] Mishra 等[56] 以及 Papanastasiou 和 Savva[57]分析了新产品引入对已有产品定价策略的影响。Deglise-Hawkinson 则建立了一个基于竞争的动态定价模型，分析了竞争激烈程度变化与定价之间的关系[58]。不同于 Mishra 等[56]、Papanastasiou 和 Savva[57]以及 Hawkinson[58]，Ba 等[51] 考虑了不同时期的产品具有高度差异性，其差异性主要体现在产品特征方面。然而，除市场和消费者行为因素外，平台运营规则对企业长期运营发展也具有重要影响。Jiang 和 Yang[59]分析了搜索排名对产品营销的影响，他们认为在购买靠前排名产品与低价营销之间存在对立关系，而在此过程中销量指标是影响产品市场地位的关键因素。

1.2.2 产品线与增值服务定价

在当今竞争日益激烈的商业环境下，为了更好地满足顾客群体的消费需求，获取更大的市场份额，产品线的开发和设计已成为企业亟须解决的问题。在复杂多变的市场环境中，产品线的合理定价可以有效解决外部市场环境和产品线内部产品的相互替代性问题。目前产品线定价分为静态定价和动态定价。在产品线静态定价上，主要基于剩余份额模型[60]、混合整数规划模型[61,62]、顾客选择模型[63,64]等展开最优定价研究。由于市场环境的多变性和顾客需求的时变性，产品线的动态定价是产品线优化设计中需要考虑的一个重要决策问题。现有产品线动态定价研究主要从库存[65]、需求[66]、环境[67]、顾客异质性[68]和正网络效应[69,70]等角度出发。

在产品和增值服务营销市场，由于增值服务不只受自身特征影响，增值服务提供者与顾客之间的关系通常比较复杂，大多数学者都是从影响增值服务定价的因素出发进行研究。[71]从库存角度出发，Marand等[72]研究针对增值服务库存系统的联合库存控制和定价决策，在这样的系统中，既需要现货库存又需要正增值服务时间来满足客户需求，将库存控制和定价集成到增值服务库存系统中，研究了集成库存控制和定价决策对整体系统性能的影响。Schulte和Pibernik[73]研究库存配给环境下基于增值服务水平的价格差异化SLBPD(Service Level Based Price Differentiation)的盈利能力，建立了一个SLBPD分析模型，并探讨了这种增值服务差异化策略是否以及何时会比单一的无差异增值服务产生更高的利润。结果表明，SLBPD只有在公司面临定价限制时才是盈利的。Ett等[74]在电子商务的背景下，构建了一个模型，该模型向在线购物者推荐一个个性化的折扣产品包，该模型考虑利润最大化和库存管理之间的权衡，同时选择与消费者偏好相关的产品。从需求角度出发，Tong和Rajagopalan[75]研究了最优定价方案以及两种常用的定价方案(固定费用和基于时间的定价)在收入、增值服务需求和利用率等重要维度上的性能，并提出了一个新的模型，发现增值服务系统可能会从消费者估价的较大差异中受益，而定价方案的绩效受顾客对增值服务时间价值的分布形态和顾客期望的反应性的影响。Mookherjee和Friesz[76]研究了在增值服务需求不确定的网络上，增值服务提供商参与动态非合作寡头竞争的联合定价、资源分配和超额预订问题，构建了一个包含定价、资源分配、动态竞争、不确定的需求和明确的网络模型五个关键收入管理特征的模型。

从质量角度出发，低质量的产品相较于高质量产品更具有价格优势，还可以为高质量产品迅速打开市场，例如苹果手机为了获得更大的市场占有率，积极向低端产品靠拢[24]。现有文献从不同视角研究了质量与定价之间的关系，通过理论研究和实证检验，明确了质量差异化对定价的影响。Li 和 Lee[77]运用可靠性和博弈论模型，提出了一种针对不同市场结构的增值服务质量度量和定价方案。结果表明，一个垄断的平台提供商没有动机提供多种质量的增值服务，两家相互竞争的平台提供商可能提供相同的增值服务合同，但仍能获得非负利润。Liu[78]研究了企业在广告中大量使用目标定位时，价格在信号质量中的作用可能会减弱，高质量产品企业需要重视价格调整，以表明其质量水平。Chenavaz 等[79]研究了价格、质量与广告质量的关系并探讨了三者之间的相互作用。Park 等[80]通过稀缺性和使用价格来判断产品质量的趋势，研究表明稀缺性降低了消费者使用价格来判断产品质量的倾向。为研究最优产品质量和数量联合决策问题，当消费者效用随市场环境变化时，Yu 等[81]进一步研究了实施响应定价的垄断企业的产品质量决策和生产数量规划问题。从网络效应角度出发，Xu B 等[82]在考虑增值服务网络效应的情况下，研究了渠道合同对定价策略和盈利能力的影响，并推导了产品制造商和增值服务运营商的最优定价策略。从终端消费者角度出发，可以参考 Kong 等[83]，Vitharana 和 Basu[84]的相关文献。

1.2.3 顾客选择行为

消费者行为是指消费者在寻找、选择、购买、使用、评估和处置与自身满足相关的产品和增值服务时所做出的一系列相关活动。消费者行为是动态的，它涉及感知、认知、行为以及环境因素的互动作用，也涉及交易的过程。消费者行为对运作管理具有重要的影响，是企业提高竞争力时不可忽视的重要因素。因此，一大批学者研究消费者选择行为，主要有渠道选择和信息搜索及购买行为等。

在消费者渠道选择行为方面，学者们主要围绕不同渠道结构展开，如双渠道和多渠道结构等。在网上直销、网上分销两种双渠道供应链系统中，梁喜和肖金凤考虑消费者敏感度和是否采用区块链技术对消费者渠道选择的影响机制。[85] Chen 等研究了消费者忠诚度对在线零售商模式选择的影响。[86] Geng 等研究了不同模式下旅游产品提供商的产品捆绑策略与在线渠道销售模式的关系。[87] 此外，还有学者研究信息准确度、销售成本、产品销售策略和消费者忠诚度等因素对在线渠道选择的影响。在多渠道零售环境下，郭燕等人基于信息搜索和产品购买两个阶段，研究异质产品类别特征下的消费者渠道选择意愿形成机理。[88] 牛志勇等人引入消费者价格公平偏好分析多渠道零售商线上线下同价策略选择问题。[89] 同时，还有学者指出产品实用与享乐性、风险性、渠道特性[90]、美学吸引等会对消费者渠道偏好产生影响。

在消费者信息搜索及购买行为方面，王丽丽等人从社会网络的角度出发研究消费者信息搜索行为[91]。另外，关于平面广告信息对消费者购买意愿的影响也是一大研究热点，主要运用 Higgins 所提出的调节定向理论，从动机差异角度分析消费者购买偏好的形成过程[92,93]；以及分析信息结合强度对消费者广告信息加工过程及购买意愿形成和决策的影响[94]。此外，平台模式下，决策环境发生了巨大的变化，消费者行为变得更加多样、复杂，致使一大批学者研究消费者在平台消费过程中的心理过程、个性和行为。Ye 等通过数据分析发现，消费者倾向于购买销量高的产品，并为此设计了一个眼球追踪系统来探索消费者心理过程，结果证明消费者在购买过程中会通过持续关注历史销售记录来了解产品。[33] Zheng 等通过实验分析证明，网络忠诚度对消费者的购买行为产生很大的影响，并为企业制定长期战略提供一个全新的机制。[95] Song 等发现在线广告能够增强消费者的好奇心，进而提高产品点击率。[96] Gutt 等针对电子商务评价体系进行研究，为处于不同发展阶段的企业提供一套切实可行的系统标准。[97] Liang 等通过调查分析发现，智能代理能够简化消费者的购买过程，并改善消费者的购买体验。[45] 此外，还有学者围绕在线评论[51]、传统口碑、其他消费者购买行为等角度展开对消费者行为的研究。

然而，平台经济下产品信息获取的便捷性和营销模式的多样性更容易使消费者表现出策略等待行为。[98] 与现售不同，预售模式下消费者购买与消费分离的现象对消费者行为产生重要影响。心理学家将这种现象称为“心理账户”，最早由诺贝尔经济学奖获得者 Thaler[99] 提出。“蚂蚁花呗”促进全民提前消费，为心理账户应用的典型案例，心理账户的存在会使消费者做出一些非理性决策，进而影响产品的销售和定价策略。Loewenstein[100] 构建了双通道心理账户模型，并在模型中阐述了“支付痛苦”与“消费快乐”的关系，提出了支付痛苦钝化系数和快乐弱化系数。毕文杰等[101] 分析了消费者受到的延迟支付和提前支付的影响，并进一步研究了快乐弱化和痛苦钝化对购买决策的影响。Baucells 和 Hwang[102] 则证明了心理账户的存在能够解释消费者的预付偏好行为。

1.2.4 网络效应

随着互联网经济的快速发展，传统的消费结构已经发生了巨大的变化，在产品线定价决策中考虑产品的网络效应特性已经成为一个重要的现实问题。当顾客从产品购买中所获得的效用受相同或类似产品的销量影响时，该产品会显示出网络效应或网络外部性。关于网络效应的研究最早是由 Leibenstein[103] 于 1950 年提出的“势利效应”(Snob Effect)和

“乐队花车效应”(Bandwagon Effect)，他认为消费者经常会有一种从众心理，消费者愿意根据大多数人的选择来决定自己的选择。网络效应通常表现在两个方面：全局网络效应和局部网络效应。因为本文主要研究全局网络效应对产品定价问题的影响，因此主要综述全局网络效应的相关文献。对于局部网络效应，可以参考 Bloch，Chen[104]，Quérou[105]和 Candogan[106]等的相关文献。

在考虑全局网络效应的产品线定价问题中，主要包括正网络效应[107-109]和负网络效应[110,69]。生活中的许多产品和增值服务都表现出正网络效应，其中，互联网产品和增值服务的表现尤为明显。如个人对个人(Peer-to-Peer，P2P)音乐分享[111]，网络游戏[112]，移动应用程序[107]等，购买这些产品的顾客越多，顾客获得的效用就越大。Cheng 和 Tang[113]研究了网络效应与同类产品蚕食效应之间的权衡，提出企业推出免费试用产品的条件，当网络强度很大时，软件垄断企业提供免费试用比两个不同质量的策略分割市场更有利，并解决了企业免费试用软件的最优质量和产品最优价格的联合决策问题。Bensaid 和 Lesne[108]研究了具有正网络效应的产品的最优动态垄断价格，证明了当正网络效应足够大时，与科斯定理相比，没有时间不一致问题。Sun[109]等探讨了在具有正网络效应的市场，创新型企业的四种可选产品策略：单一产品垄断、技术许可、产品线延伸和技术许可与产品线延伸相结合。

Qi[110]等研究了在产品含有负网络效应的情境下，应用市场营销组合(Marketing Mix Modeling，MMM)模型，获得了单个产品、同质产品和异质产品的市场份额、最优定价和最大利润的相关最优决策，并研究了最优定价、市场份额和利润随网络效应的变化情况，发现在产品线定价问题中考虑网络效应可以使公司获得较大的预期利润。Wang 和 Wang[114]研究了具有负网络效应的消费者选择模型，首先描述了在 MNL

模型下的选择概率，然后研究了在这种消费者选择模型下的产品组合优化问题。

国内有很多学者从直接网络效应、间接网络效应和交叉网络效应等角度对网络效应进行研究。直接网络效应指顾客从某种产品得到的效用随着使用人数的增加而增加的现象，例如电子游戏，用户玩电子游戏获得的效用随玩家数量的增加而增加。间接网络效应是指顾客从某种产品得到的效用与该产品的互补品有关，互补品增多会间接地增加顾客的效用，例如电动汽车，充电桩等配套设施的增加会使用户使用电动汽车的效用提高。交叉网络效应是基于双边市场而言的，平台一边使用人数的增加会提高平台另一边顾客的效用，例如电子商务平台，卖家的增多会使买家购买某产品的效用增加。王春苹等[115]从消费者角度出发，研究异质消费者具有不同网络效应的情形，分析了双寡头垄断市场基础信息产品和附加增值服务的定价策略选择问题。傅瑜[116]分别研究了直接网络效应、间接网络效应和交叉网络效应对企业竞争策略的影响。赵保国和余宙婷[117]分别构建了直接网络效应、间接网络效应的效用函数和个体决策模型，通过数值仿真研究网络效应对竞争性产品的微观扩散影响。顾吉锋[118]通过嘉兴市银行卡产品的实证分析，研究交叉网络效应对收单市场和发卡市场双边市场的影响。孙晓华等[119]人基于直接和间接网络效应，利用混合 Logit 模型和实验方法研究了顾客的局部网络效应对电动汽车使用情况的影响。王先甲和余子鹤[120]在双边平台下，从卖者和买者的角度分别研究网络效应对平台均衡的市场份额和市场利益的影响。胥莉等[121]人在广告支持型的双边市场，通过实证分析研究交叉网络效应对用户选择即时通信工具的影响。

1.2.5 文献评述

综上所述，目前在线产品定价领域已经具备丰富的理论基础，研究覆盖行为运作管理、数学规划、运筹学、计算机仿真、心理学等多学科。研究视角从最初的以成本为导向的定价策略逐步过渡到以顾客为导向，产品定价策略越来越重视对顾客主体的研究。然而，平台模式下的特殊交易环境使消费者行为和运作系统变得更加复杂，向在线零售商提出了新的定价挑战。对于在线零售商而言，一方面，一些先进的在线零售商开始利用消费者锚定心理来实现策略定价，并在市场中赢得了极大的竞争优势，这将对在线零售商的长期生存发展带来极大的压力。另一方面，平台经济所独有的开放性、信息透明化、虚拟性、多样性等，使得顾客在选择和决策中更容易被锚定。同时，电商平台蕴藏丰富的产品数据，促使线上消费者基于数据资源进行社会学习。

互联网信息技术和5G的发展改变了人们的消费习惯，滋生出更多时代化的现实问题，也刺激学术研究与时俱进。通过文献梳理发现，尽管已有的研究在产品定价领域具有重要贡献，但尚不完善。在考虑消费者行为的在线产品定价文献中，多数研究集中于单因素影响，且忽视了消费者的心理、认知变化和学习过程及有限理性行为。在刻画消费群体异质行为上，缺乏实际数据验证。同时，考虑不同平台运营规则和营销模式，消费者表现出异质选择行为，如不同时段进入市场的同质消费者对产品表现出不同的购买意愿，其原因在于在销量指标变化的情况下，消费者受销量锚定效应影响而增加/减少的效用量不同。然而，只有较少学者关注这一现象。当前电商平台表现出的产品数据公开化和全面化特征，将使消费者行为更加有迹可循。心理学知识和深度学习技术的结合是解决当前在线产品定价问题的一大突破口。

国内外学者就产品线定价问题进行了详细的理论研究和实证检验，明确了消费者的选择行为对产品线定价的影响。在理论研究方面，大部分学者从库存、需求、环境、顾客异质性和正网络效应等方面对最优定价进行分析。在研究过程中，考虑某一因素变化或者存在限制条件对定价和利润的影响。在实证检验方面，利用数值实验验证各因素对最优定价结果的影响。以上研究综述表明，现有研究的理论框架已十分成熟，但是由于经济的快速发展，以往的研究因素已经不能全面概括现实中存在的问题，而在数值实验方面，有的研究参数考虑得不够合理，不能全面地反映当前的定价发展态势。

这些研究存在四方面的改进之处：第一，绝大多数的文献采用的效用函数，缺乏对市场参与体(顾客)更全面的考虑。第二，对现实生活中普遍存在的负网络效应对产品线动态定价影响的研究不够深入。第三，考虑捆绑策略时对多产品和增值服务的捆绑研究较少，并且未考虑产品和增值服务同时表现出网络效应，且网络效应不同的情况。第四，在免费增值商业模式下，缺乏对多种增值服务分别定价和捆绑定价的研究。因此，有关产品线定价问题的研究，还存在可以改进的地方。

针对现有研究的不足，考虑顾客行为影响因素的多样性及消费者有限理性、损失规避和社会学习差异，本研究将锚定效应、离散选择模型、产品定价模型和贝叶斯理论相结合，分析锚定因素和程度对消费者行为的影响机制，对比不同平台运营规则下的产品最优定价和营销策略，探究数据驱动下的消费者社会学习过程及决策行为。另外，本研究考虑负网络效应情况，基于 MNL 模型研究产品线动态定价问题；研究相关增值服务和产品的捆绑策略问题，最后分析免费增值商业模式下相关增值服务定价的问题，研究结果可为相关企业提供决策参考和理论支持，研究视角和方法能够为当前电子商务定价问题提供决策参考。

1.3　研究方法与内容

1.3.1　研究方法

(1)文献研究法

通过查阅大量国内外有关产品定价、消费者行为等方面的文献，梳理出消费者决策行为的影响因素，明确现有的研究方法和视角，找出已有研究的不足和有待拓展的方向，为本书的研究奠定理论基础并最终确定研究方法和理论框架。

(2)贝叶斯理论

运用贝叶斯理论和锚定效应，假设消费者在购买决策中被在线评论数据锚定，遵循贝叶斯理论展开社会学习。其中，消费者对评论信息采用逐条获取的方式，且认知学习发生在浏览完每一条评论信息之后；当浏览一定数量的在线评论后，消费者对产品的认知信心达到决策临界值，此时消费者停止浏览在线评论并做出决策。

(3)模型设计法

先构建考虑负网络效应的产品线动态定价模型，分析单个产品、同质产品和异质产品的最优定价、最优市场份额和最大利润的最优解。后又引入增值服务定价，构造纯策略捆绑和混合策略捆绑下的定价模型，分析纯策略捆绑和混合策略捆绑下的最优解和利润差异。

(4)数理模型和算例分析

借鉴在线产品定价、消费者行为、锚定效应和行为运作管理方面的知识，通过在线零售商定价影响因素的探究和消费者购买决策行为的关键分析，建立单一垄断商利润函数的数理模型；基于 MATLAB R2014a 软件，开发线上消费者锚定下的认知和决策变化仿真系统，验证理论模型的合理性，分析主要参数的变化对在线零售商定价、销量和利润的影响。

1.3.2 研究内容

互联网和信息技术的快速发展使人们的生活和消费习惯产生了巨大转变，平台模式逐渐成为一种主流商业模式，为在线零售商带来发展机遇。平台经济下，在线零售商依托平台得以生存发展，平台在众多在线零售商入驻的基础上发展壮大，两者相辅相成。在此背景下，流量迅速聚集，从而形成了几大电商巨头，如阿里巴巴、京东、拼多多等。国家统计局数据显示，2021 年全国网上零售额达 13.1 万亿元，同比增长 14.1%，其中阿里巴巴、京东和拼多多分别以 81 190 亿元、32 900 亿元和 24 410 亿元的销售规模形成三足鼎立格局。在线零售商依托于平台的巨大流量创造价值，但随着越来越多的在线零售商入驻，市场竞争变得更加激烈。此外，电商蕴藏丰富的产品数据资源，在为消费者提供决策参考的同时，也增加了消费者决策困难；消费者选择被产品数据锚定以简化决策过程，基于数据的消费者行为变得有迹可循。

针对当前电子商务领域的现状，本书试图提出一种结合数据驱动和行为心理学的产品定价模型，关注平台模式下锚定因素对消费者行为的影响，探讨不同平台运营模式、营销模式和异质消费群体下的产品定价问题，旨在为在线零售商基于历史消费数据和异质顾客行为的静态和动态定价提供理论基础和决策依据。本书的研究结构如图 1-2 所示。

首先，考虑消费者锚定—调整心理和损失规避对平台顾客行为决策的影响，选取具有易获取性的平台产品价格、累计销量作为锚定因素，在单一产品和同质顾客背景下，基于锚定—调整启发法和离散选择模型，研究在线产品最优定价问题。其次，在预售背景下研究有限销售期内的多阶段动态定价问题，分析不同平台模式对企业定价和营销策略的

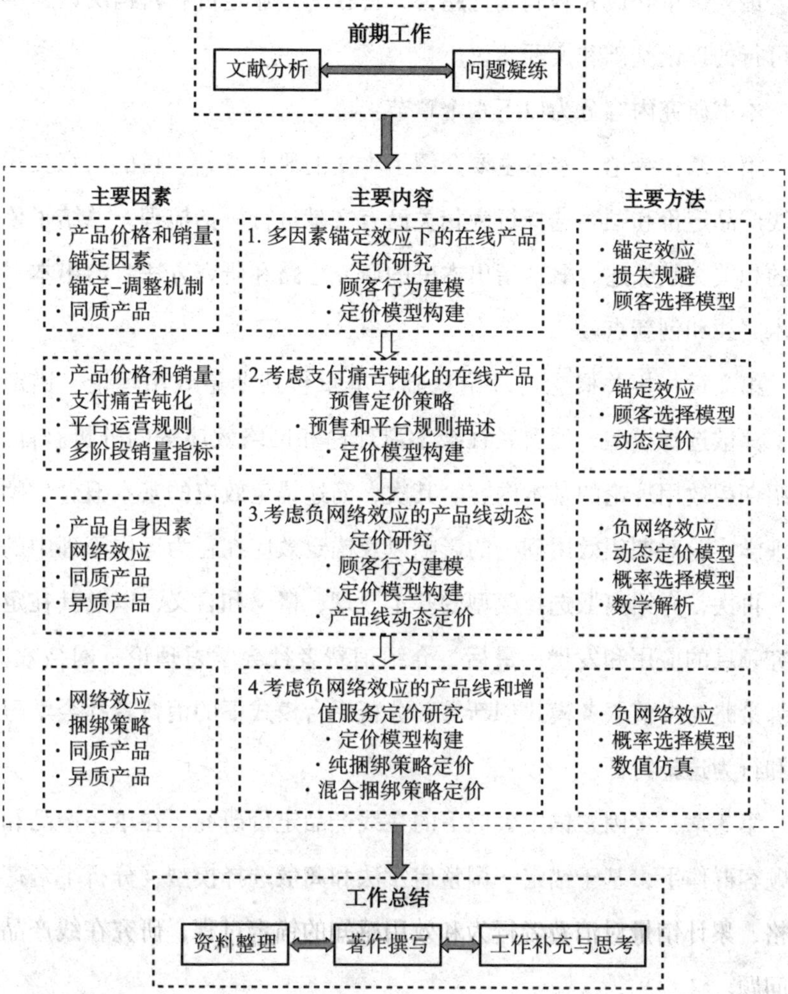

图 1-2　研究结构

影响，其中销量指标的动态变化与产品销量有关，后一阶段的销量指标等于前一阶段销量指标与当前阶段销量指标之和。最后，基于贝叶斯理论、锚定效应和深度学习技术，结合在线评论的指标特征和内容特征量化在线评论影响力，分析在线评论中不同正负信息的排列顺序和占比对消费者认知学习过程和决策时间间隔的影响机理，提出一种融合评论情感和产品参数的产品定价模型，数值仿真阐述不同评论信息下的最优定价、最大销量和最大利润变化趋势，旨在为企业定价和营销决策提供切实可行的理论基础和实践建议。

本书研究内容分为以下六个章节：

第 1 章：绪论。本章主要介绍了本文的研究背景、目的与意义；对在线产品定价和顾客选择行为相关已有文献进行概括梳理，总结了该领域的相关文献综述，概括指出本书的研究思路和研究方法，给出本书的技术路线和创新点。

第 2 章：相关概念与理论基础。本章包括期望效用理论、锚定效应、离散选择模型、消费者社会学习理论和网络效应等的分析。首先，介绍期望效用理论的基本内容。其次，简述锚定效应的基本概念，阐述心理学实验对期望效用理论的影响以及锚定效应在行为运作管理中的应用。再次，介绍离散选择模型的基本原理、概念和含义，以及其在定价研究领域的应用和发展。最后，介绍消费者社会学习理论、网络效应、捆绑策略与增值服务模式创新等，分析平台模式下的消费者社会学习规律和行为选择特征。

第 3 章：多因素锚定效应下的在线产品定价研究。在单一产品和同质顾客群体下，基于锚定—调整启发法和离散选择模型，分析平台产品价格、累计销量对消费者行为和效用感知的锚定过程，研究在线产品定价问题。

第 4 章：考虑支付痛苦钝化的在线产品预售定价策略。在线产品定价是平台经济的重要研究领域，两阶段混合预售是线上销售的一种主流模式。顾客在线上购买过程中，支付方式和预售模式对消费者行为和产品定价具有重要的影响。基于两阶段混合预售模式，本书考虑支付痛苦钝化对消费者购买心理的影响，建立相应的产品定价模型，得到了在线产品的最优预售价格、最优销量和最大利润，分析了支付痛苦钝化对消费者行为和在线产品最优定价的影响机制。理论和数值分析表明，两阶段混合预售模式更有利于卖方利润最大化；受支付痛苦钝化影响，折扣预售并不一定是产品最优选择策略，支付痛苦钝化因子是影响产品预售策略的重要因素。

第 5 章：考虑负网络效应的产品线动态定价研究。基于 MNL 模型，分析产品的网络效应特性，建立产品线的动态定价模型。本章将网络效应融入 MNL 模型，构建消费者的效用函数，分析单个产品、同质产品和异质产品的最优定价、最优市场份额和最大利润的最优解，并通过数值仿真，阐明产品线定价中考虑负网络效应的重要性，验证了模型具有较好的稳健性。

第 6 章：考虑负网络效应的产品线和增值服务定价研究。产品和增值服务表现出的网络效应对产品线和增值服务的优化设计产生了重大的影响。捆绑销售作为一种有效的销售策略已经成为企业提供产品和增值服务的新途径。本章研究了在产品和增值服务均存在网络效应的情况下，产品线和增值服务在纯捆绑策略和混合捆绑策略下的最优定价、最优市场份额和最大利润问题。基于 MNL 模型，分析了纯策略捆绑和混合策略捆绑下的最优解和利润差异。研究结果表明，考虑负网络效应影响时，纯捆绑策略和混合捆绑策略下市场份额关于利润的函数都是凹函数，并求出最优定价、最优市场份额和最大利润的最优解；基于 MATLAB 平台，建立了一个仿真系统，定量地表示各因素变化对定价结果的影响，并给出相应的管理策略。

第 7 章：结论与展望。结合第 3、4、5、6 章的研究内容，归纳总结研究成果，提出相关管理启示，扎根实际管理问题，为在线零售商提出针对性的理论指导和实践建议；对研究不足之处和未来研究方向进行归纳和展望。

1.3.3 技术路线图

本书技术路线如图 1-3 所示。

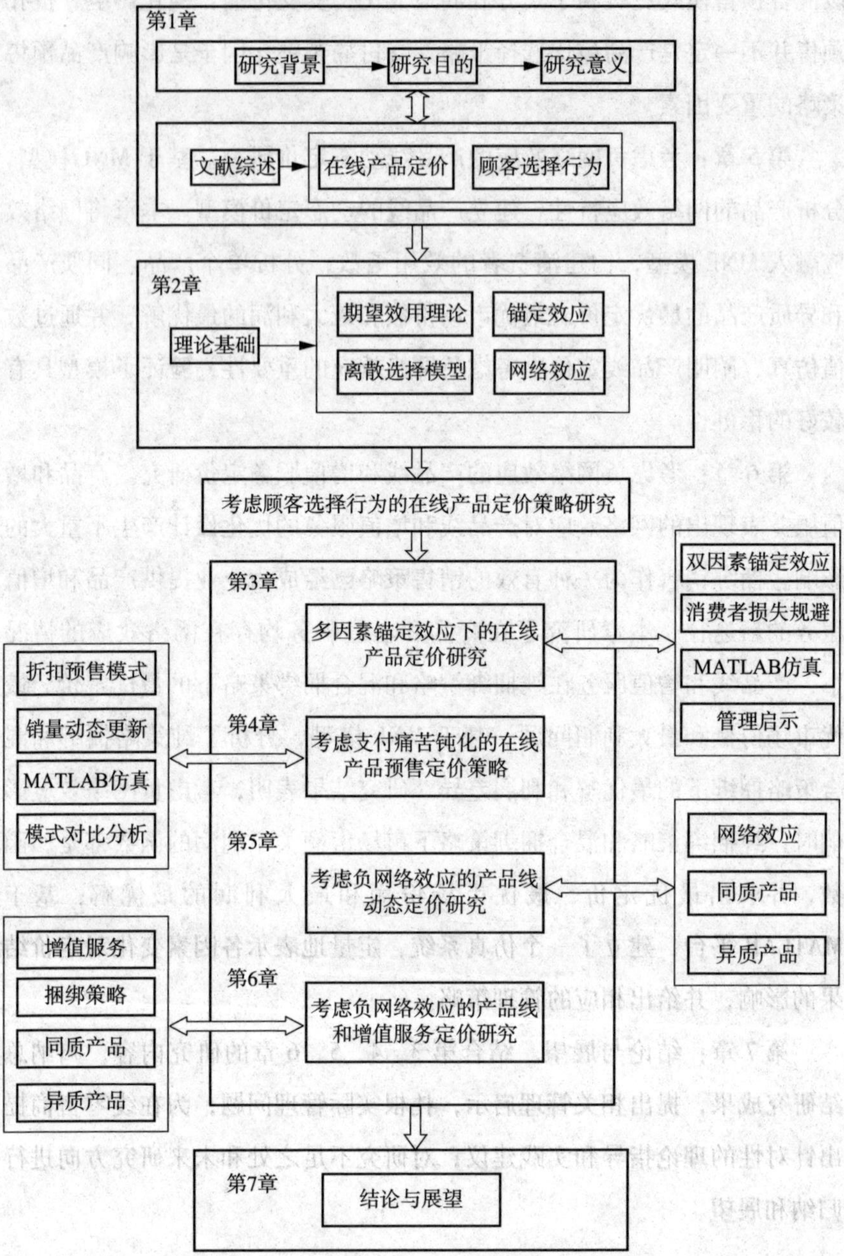
第1章
研究背景
研究目的
研究意义
文献综述
在线产品定价
顾客选择行为
第2章
理论基础
期望效用理论
锚定效应
离散选择模型
网络效应
考虑顾客选择行为的在线产品定价策略研究
第3章
多因素锚定效应下的在线产品定价研究
双因素锚定效应
消费者损失规避
MATLAB仿真
管理启示
第4章
考虑支付痛苦钝化的在线产品预售定价策略
折扣预售模式
销量动态更新
MATLAB仿真
模式对比分析
第5章
考虑负网络效应的产品线动态定价研究
网络效应
同质产品
异质产品
第6章
考虑负网络效应的产品线和增值服务定价研究
增值服务
捆绑策略
同质产品
异质产品
第7章
结论与展望

图 1-3　技术路线

1.4 研究创新点

(1)梳理消费者的锚定不完全调整心理和行为；基于行为建模和离散选择模型，厘清考虑顾客被价格和销量锚定、损失规避心理和网络效应下的在线产品最优定价策略；明确线上渠道消费者的购买行为特征，指导在线零售商根据不同的产品类别进行针对性合理差别定价和营销。

(2)在折扣预售背景下，考虑消费者被产品价格和销量锚定，基于平台运营规则，探索不同销量更新规则下的在线产品多阶段动态定价策略；分析折扣预售对产品营销的长期影响机理和平台运营规则对在线零售商的内在约束。

(3)在两阶段混合预售模式中，尾款的延迟支付很容易诱发消费者产生支付痛苦钝化心理，从而提高消费者的感知效用。在折扣预售和支付痛苦钝化的双重刺激下，消费者更倾向于选择在支付订金期支付少量订金来预订产品。基于消费者有限理性和效用理论，考虑平台经济中消费者支付痛苦钝化心理，从消费者行为角度出发，探究了两阶段混合预售模式下的产品定价问题。分别建立了BM(the Benchmark Model)和CM(the pricing Model Considering the payment pain effect)模型，并求得了模型的最优预售价格、最优销量和最大利润。

(4)在传统的产品线定价问题中，关于负网络效应的研究不够深入，并且没有从消费者角度出发，因此，本书在考虑负网络效应的情况下，基于顾客选择行为的产品线动态定价问题，分析产品线动态定价的最优解。

(5)考虑产品增值服务中的捆绑定价问题，分析了纯策略捆绑和混合策略捆绑下的最优解和利润差异，通过数值仿真得出各种因素变化时纯捆绑策略和混合捆绑策略的适用情况。

1.5 本书内容出版资助

(1)教育部人文社科基金规划项目(21YJA630061)：基于机器学习和锚定效应的电商平台在线产品定价策略与优化研究

(2)河南省高校科技创新人才支持计划基金项目(2021-CX-004)：数据驱动的平台增值服务运作管理研究

第2章

相关概念与理论基础

本章系统阐述了相关概念及基础理论，包括期望效用理论、锚定效应、离散选择模型和消费者社会学习理论、网络效应、增值服务和捆绑策略等。第一，介绍期望效用理论的基本内容。第二，阐述锚定效应这一心理学现象对期望效用理论的影响以及行为心理学的发展进程，引出锚定效应在行为运作管理中的研究现状。第三，概述离散选择模型的基本概念和类型，梳理其在管理学和经济学领域的应用现状。第四，结合平台经济特征，介绍消费者社会学习理论和研究方法。第五，阐述网络效应对顾客选择行为和产品线开发的影响，分析产品增值服务策略及其与产品定价模式的关系。第六，在平台经济背景下，从现实消费环境出发，给出当前产品定价研究领域存在的不足，确定本书的研究主题和方向。

2.1 期望效用理论

20世纪50年代，冯·诺伊曼(John von Neumann)和摩根斯坦(Oskar Morgenstern)提出期望效用理论这一概念，给出了不确定条件下理性人行为分析框架。该理论指出，决策是人们从多种备选方案或事件中做出选择；偏好是人们对不同方案或事件状态进行价值与效用上的优化选择。在个体偏好理性的一系列严格公理化假定基础上，冯·诺伊曼和摩根斯坦用期望效用函数量化个人确定地获得某物(X)的效用，具体函数表达式如下：

$$E[u(x_i)] = \sum_{i=1}^{n} P(x_i)u(x_i) \tag{2-1}$$

其中，$u(x_i)$为获得 X 可能得到的效用；$P(x_i)$为 X 的效用为 $u(x_i)$ 的概率；$E[u(x_i)]$ 为 X 的期望效用。

期望效用理论认为理性人在面对多个策略选择时优先选择使自身效用最大的策略，即遵循效用最大化原则。冯·诺伊曼和摩根斯坦对期望效用理论提出了四个公理：完备性公理、传递性公理、占优性公理和无差异性公理。

(1)完备性公理。对于任意期望效用 A 或 B，决策者的偏好差异一定符合以下三种情况之一，即 $A>B$，$A<B$，或 $A=B$。

(2)传递性公理。对于任意期望效用 A，B，C，若 $A>B$，$B>C$，则 $A>C$。

(3)占优性公理。若效用 A 有时优于效用 B，有时二者相等，即 $A \geqslant B$，则决策者在选择面前只会选择 A。

(4)无差异性公理。同种结果的不同描述方式对决策者偏好不产生影响。

以上公理为期望效用理论成立的前提，任何一个公理的缺失都会导致该理论不成立。此外，期望效用理论认为，事件发生的客观概率是能够预先知晓的，与决策者主观判断无关。然而，这一假设在现实中是难以实现的，事件发生概率多由决策者主观估计，并非完全客观。[122]理性人假设基础上的期望效用理论无法解释现实中与之相悖的现象，如阿莱悖论等。[123]因此，断然使用客观概率替代主观概率有失科学性和严谨性。鉴于以上原因，弗里德曼(Milton Friedman)和萨维奇(Jimmie Savage)对期望效用理论进行了改进，将主观概率引入期望效用理论。[124]

期望效用理论假设参与人为理性人，在行为决策中选择效用最大化的行动方案。然而，人们慢慢发现人并不是纯粹的理性人，特别地，在决策中人容易受到复杂心理机制的影响，从而做出不完全理性决策。因此，期望效用理论开始受到心理学领域的质疑，学术界开始对期望效用函数展开修正和扩展。

2.2 前景理论

卡尼曼(Dainel Kahneman)和特沃斯基(Amos Tversky)提出的前景理论，实现了对期望效用理论的进一步修正，认为决策者具有不同风险偏好类型，可在有限理性条件下做出策略选择。[125]前景理论从认知心理学的角度出发，将心理学引入管理学，实现了描述和预测决策者面临风险时的决策过程，体现了有限理性的特征，并对经济学的发展产生了重要影响。前景理论有如下基本原理：

(1)损失效应。在收益和损失面前，多数人对损失的敏感性大于对收益的敏感性。

(2)确定效应。相对于概率性收益，决策者更倾向于获得确定性收益。

(3)参考依赖效应。判断得失并非基于事件的绝对值，而是根据提前设置的参考点来决定个人收益或损失的相对值。

(4)孤立效应。当存在多个前景可供选择时，决策者会主动简化其共同部分。

(5)反射效应。决策者对收益和损失的偏好是非对称的，在确定性损失面前，决策者更倾向于概率性损失。

由参考依赖效应可知，相比期望效用理论，前景理论假设决策者同样关注方案的效益，但决策研究并不看重方案效益的绝对值，而是将收益或损失与对应参考点对比，计算结果相对变化程度并以此作为决策依据。前景理论提出个人风险决策过程由两阶段组成，其一是对已知信息的编辑阶段(预处理)，即对各方案属性进行主观判断，分析方案可能出现的结果和主观概率，选择合适的参考点。根据参考点得到方案的收益或损失及方案的主观概率分布，确定方案的价值函数和权重函数，得出方案的前景值。对已知信息的编辑阶段体现了决策者对不同决策方案信息的深入分析和挖掘过程，这一过程容易受到外界因素影响，导致结果的个体差异性明显，参考点的选取尤其受到影响。其二是对上述信息的评价阶段，决策者分析各决策效用相对于参考点的变化程度，大于参考点的取值视为收益，小于参考点的取值视为损失。通过计算价值函数和权重函数的乘积得出相应的前景值，最高值为最优方案。[126,127]

前景理论的具有两个核心概念：价值函数、权重函数。

1. 价值函数

价值函数反映了损失和收益给决策者带来的心理效用。如图 2-1 所示，价值函数曲线呈 S 形，当事件可为决策者带来收益时，价值函数在收益域(第一象限)是凹函数，反之在损失域(第三象限)为凸函数；边际效用递减特征随收益和损失的变化而明显体现出来；原点为图像的拐点，即决策参考点；价值函数曲线在损失阶段比收益阶段更加陡峭，说明在绝对值相同的情况下，损失带来的心理效用更大，决策者对损失的敏感程度高于收益，该现象被称为损失厌恶。

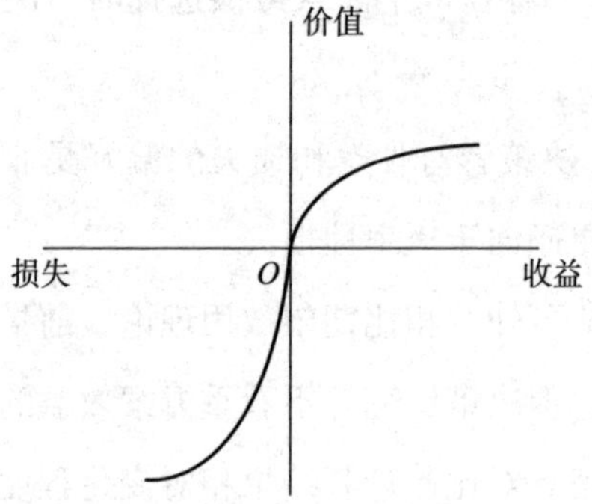

图 2-1　价值函数曲线

2. 权重函数

权重函数表示决策者对事件发生概率的主观判断。决策权重是概率的增函数，在小概率条件下，主观概率高于客观概率，这一变化体现了决策者在主观感知概率上高估小概率事件、低估大概率事件的特点。例如，特沃斯基和卡尼曼在 1992 年的研究中得出，100%的概率获得 100 与 71%的概率获得 200 和 29%的概率获得 0，对决策者的吸引力相同；而 100%的概率失去 100 与以 64%的概率损失 200 和以 36%的概率损失 0 具有相同厌恶程度。[128] 权重函数曲线如图 2-2 所示，$\pi(p_i)$ 是决策者主观判断事件 i 发生的概率，p_i 为事件 i 发生的客观概率。

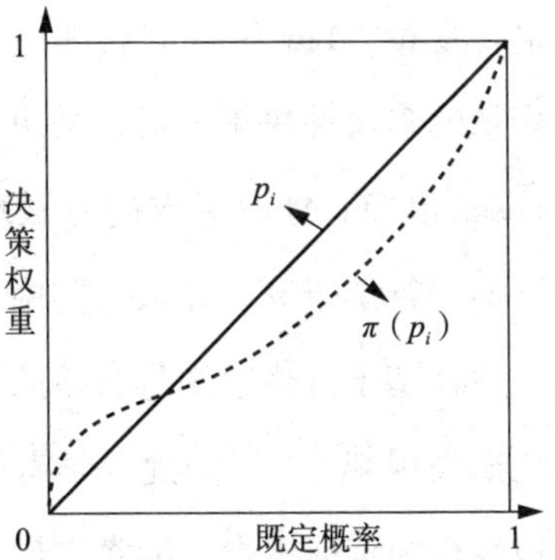

图 2-2　权重函数曲线

前景价值由两部分组成：价值函数和权重函数。决策者对某一事件的心理感受表示为前景价值 V，$V = \sum_i \pi(p_i) v(\Delta x)$ 。其中，价值函数为：

$$v(\Delta x) = \begin{cases} (\Delta x)^{\alpha}, & \Delta x \geqslant 0 \\ -\lambda(-\Delta x)^{\beta}, & \Delta x < 0 \end{cases} \tag{2-2}$$

权重函数为：

$$\pi(p)=\begin{cases}\dfrac{p^{\delta}}{(p^{\delta}+(1-p^{\delta}))^{1/\delta}}, & \Delta x\geqslant 0\\ \dfrac{p^{\gamma}}{(p^{\gamma}+(1-p^{\gamma}))^{1/\gamma}}, & \Delta x<0\end{cases} \tag{2-3}$$

Δx 为事件实际价值与参考点价值的差值，$\Delta x\geqslant 0$ 表示收益，$\Delta x<0$ 表示损失；α，$\beta(0<\alpha$，$\beta<1)$ 为风险偏好系数，数值越大，表示决策者越偏好冒险。$\lambda(\lambda\geqslant 1)$ 为损失规避系数，该值越大，表示决策者对损失的敏感度越高。δ，γ 表示权重函数曲线的曲率。根据卡尼曼和特沃斯基的研究成果，取 α，$\beta=0.88$，$\lambda=2.25$，$\delta=0.61$，$\gamma=0.69$。[125]

目前，前景理论被广泛用于多属性决策[18,129-134]、行为研究[135-145]。考虑到多属性决策的语言变量，Liu 等将前景理论与模糊数学的方法相结合，用于包含语言变量的多属性决策分析，解决了语言变量量化标准不统一的问题。[129] Popescu 和 Wu 针对买方的有限理性行为对卖方的动态定价策略和收益的影响进行了研究，在该研究中，由于买方认知的局限性倾向于决策偏见，并且基于价格感知具有参照依赖效应，这种心理行为特征导致了买方是损失规避的。[18] 为此，学者构建了动态优化模型来求解考虑买方有限理性行为特征情形下的卖方最优动态定价策略。谢文荣和陈宏民针对网上拍卖和固定价格交易的拍卖者收益进行了实证研究，他们分别针对单物品交易和多物品交易情形下的拍卖者收益进行了比较分析，并得到结论：拍卖者的风险态度和顾客人数是影响拍卖者收益的关键因素。[130] Huang 等针对有风险规避特点的招标者，把前景理论与“利益、机会、成本和风险”（Benefit，Opportunities，Costs，Risk，BOCR）框架相结合提出了一种新型 PT-BOCR 解决方案，其中前景理论被用于刻画风险规避拍卖者的损失厌恶心理。[141] 研究发现当供应商的属性变化很大时，风险规避程度随参考点的高低而增减。陈文博等人发现风险态度和投资者情绪对股票市场博彩行为有显著影响，并从个人角度、监管角度、市场机制方面给出了改善投资者非理性行为的办法。[142]。

2.3 锚定效应

特沃斯基和卡尼曼在 1974 年通过心理学实验发现，在不确定情境下，人们对于数量的估计出现了向锚定值趋近而产生偏差的现象，他们将这种现象称为锚定效应。锚定效应通俗来讲就是，人们需要对某个事物进行定量估测时，会将某些特定数值作为起始值，起始值像锚一样制约着估测值，人们会不自觉地给予最初获得的信息过多的重视。此外，特沃斯基和卡尼曼还在心理学实验的基础上提出了锚定—调整启发法的概念，并指出锚定效应为人们做出判断与决策时启发式策略的一种形式和机制。

2.3.1 心理学实验对期望效用理论的影响

随着实验心理学的发展，期望效用理论在一系列选择实验中受到质疑。1974 年，卡尼曼和特沃斯基在选择实验中要求实验者对非洲国家在联合国所占席位的百分比进行估计。因为分母为 100，所以实际上要求实验者对分子数值进行估计。首先，实验者被要求在旋转摆放在其前面的罗盘中随机地选择一个在 0 到 100 的数字；接着，实验者被暗示他所选择的数字比实际值大还是小；然后，要求实验者对随机选择的数字向下或向上调整来估计分子值。通过这个实验，卡尼曼和特沃斯基发现，当不同的小组随机确定的数字不同时，这些随机确定的数字对后面的估计有显著的影响。例如，两个分别随机选定 10 和 65 作为开始点的小组，他们对分子值的平均估计分别为 25 和 45。由此可见，尽管实验者对随机确定的数字有所调整，但他们还是将分子值的估计锚定在这一数字的一定范围内。由此，卡尼曼和特沃斯基通过该心理学实验正式提出锚定效应这一心理学名词。锚定效应是指当人们对某人某事做出判断时，易受第一印象或第一信息支配，就像沉入海底的锚把人们的思想固定在某处一样。

然而，期望效用理论并不能解释锚定效应这一现象。实际上，期望效用理论没有考虑现实生活中个体效用的模糊性、主观概率的模糊性，不能解释偏好的不一致性、非传递性、不可代换性以及偏好逆转现象等。因此，学者们开始在决策行为分析中考虑人的心理因素。1979 年，卡尼曼和特沃斯基为了解释优势违背现象，在行为决策中考虑人的锚定（参考依赖）心理和风险偏好，引入系统的非传递性和不连续性概念，从而提出了前景理论。前景理论是决策论的期望理论之一，该理论认为当个人基于的参考点不同时，会有不同的风险态度；人的决策选择取决于结果与预期的差距，而非结果本身。人在决策时会在心里预设一个参考点，然后衡量每个结果是高于还是低于这个参考点。对于高于参考点的收益型结果，人们往往表现出风险厌恶，偏好确定的小收益；对于低于参考点的损失型结果，人们又表现出风险喜好，寄希望于好运气来避免损失。为了对该理论进行数学描述，卡尼曼和特沃斯基提出价值函数，具体如图 2-1 所示。

价值函数反映了损失和收益给决策者带来的心理效用。显然，由图 2-3 可知，价值函数曲线在第一象限为凹函数，即决策者在感知获得时的边际效用递减；反之，在第三象限为凸函数，即决策者在感知损失时的边际效用递增，这种现象被称为损失规避。

损失规避由卡尼曼和特沃斯基在 1979 年发表的论文中正式提出。通过对照实验，卡尼曼和特沃斯基观测到一种心理上的趋避现象，并将其称为损失规避。在该实验中，卡尼曼和特沃斯基将实验者分为两组。其中，第一组实验：实验团体先行持有 1 000 单位的现金，要求在此基

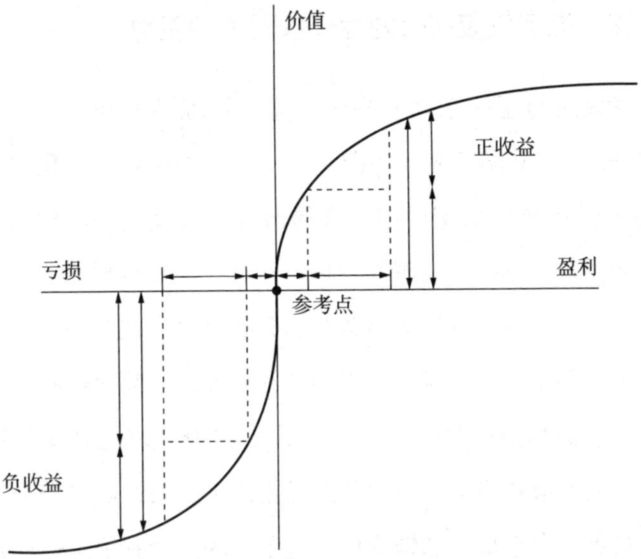

图 2-3　基于参考点的价值函数曲线

础上做出选择。实验者有两个选项：A. 有 50%的概率将持有的现金增加为 2 000 单位；B. 有 100%的概率将持有的现金增加为 1 500 单位。在此实验中，实验团体中 16%的实验者选择了 A，84%的实验者选择了 B。第二组实验：同一实验团体先行持有 2 000 单位的现金，在此基础上做出选择。实验者有两个选项：C. 有 50%的概率损失 1 000 单位的现金；D. 有 100%的概率损失 500 单位的现金。在此实验中，同一实验团体中有 69%的实验者选择了 C，31%的实验者选择了 D。在该实验中，选项 A 和选项 C 最终手中持有的现金是 1 000 或 2 000 单位的概率都是 50%。相对地，选项 B 和选项 D 最终手中持有的现金是 1 500 单位的概率是 100%。也就是说，实验团体在有可能获得利益时倾向于选择低风险，而在有可能遭受损失时，倾向于选择高风险。通俗来讲，损失规避是指人们面对同样数量的收益和损失时，认为损失更加令他们难以忍受。损失规避反映了人们的风险偏好并不是一致的，当涉及的是收益时，人们表现为风险厌恶；当涉及的是损失时，人们则表现为风险寻求。

2.3.2 锚定效应在行为运作管理中的应用

心理学家进行了一系列心理学实验，发现了偏好逆转、均值偏向(Pull to Center)、优势违背等现象。为了科学地解释这些现象，卡尼曼和特沃斯基在1974年的实验中正式提出锚定效应这一心理学概念。显然，期望效用理论基于决策者完全理性对其行为进行预测和描述的方式备受质疑，结合心理学的决策行为分析开始被学者们关注。

在决策活动中，人们倾向于使用认知启发式来简化过程，而不是进行详尽和完整的信息收集。[146]一个突出的启发式就是锚定—调整，其对决策产生的效应相当大。锚定效应是指决策者最终的决策和选择会被同化或变得更倾向于最初的锚定值。基于行为人受到锚定效应影响而产生认知和决策偏差这一现象，卡尼曼继续将心理学领域的综合洞察力应用到经济学中，从人的心理特质、行为特征揭示了影响选择行为的非理性心理因素，进而提出了前景理论。该理论对预期效用理论在风险下的决策模型进行了改进，认为个人因参考点的不同而形成不同的风险态度。[147]锚定效应开始成为行为经济学、营销学、心理学等领域的研究热点。

对于不含人的系统，传统的运作管理模型已基本能胜任对这类系统的理论分析。但对于有人参与的系统，人类行为的最基本特征如损失规避[148]、锚定效应[149,150]、参照依赖[18]、过度自信[151]等，导致人们在行为上并不总是追求效用最大，而是根据对环境的认知和自己有限的思维，做出让自己满意的选择。Chen 等认为消费者在决策中具备损失规避心理，即损失带来的负效用高于收益带来的正效用，并为此设计了一个两阶段定价模型。[7]Epley 和 Gilovich 从实证分析的角度证明，消费者在被锚定后，通过自身的调整，总是在一个最小满意值处停止，无法达到最优。[149]Popescu 和 Wu 提出消费者在决策中总是寻找参照，并通过对比做出决策。。Kirshner 和 Shao 利用前景理论中的概率权重函数来刻画过度自信和乐观行为，有效地减缓了均值偏向效应(Pull to Center Effect)[151]。

锚定效应对决策行为产生了巨大的影响，将锚定效应产生的心理偏差引入定价模型逐渐成为一个新的研究方向。学者们从不同的角度去刻画这一偏差。Thaler 将锚定效应引入效应函数提出了心理账户理论(Mental Accounting Theory)，该理论认为具有购买经验的消费者在交易中会产生心理价值。[99] Chen 等发现在同时考虑锚定效应和消费者损失规避心理的情况下，会证明丧失信心(Loss-of-Confident)现象，即当产品定价过低时，消费者会对产品的质量产生怀疑，进而放弃购买。[7]这一结论与传统的需求理论相违背。Popescu 和 Wu 将锚定效应引入需求模型，并用一隐式来描述受到价格锚定后的市场需求量。[18]同样将锚定效应引入需求模型的还有 Nasiry 和 Popescu[9]，研究表明，在消费者被价格锚定的情况下，折扣对公司最优价格和利润的负面影响可能比以前的模型预测的更持久。此外，还有一些学者考虑了消费者的有限记忆，并提出锚定价格是记忆价格向量的加权平均值。其中，记忆向量的第一个和最后一个价格起到了主导作用。

近年来，随着电子商务的快速发展，学者们越发关注消费者线上消费过程中的锚定心理和行为，并开始将锚定效应应用到在线产品定价问题中，主要研究顾客会受到产品历史价格、参考价格、有限记忆内的价格向量的锚定而做出有限理性行为。[4,7,9,18,46]实践表明，平台顾客不仅受到价格的锚定，还会受到产品的在线评论、销量、搜索排行榜等的影响，这正好与消费者行为学领域的研究结果一致。[33]此外，信息获取的零成本性和便捷性，促进了顾客获取信息的主动性。平台顾客不再被动地接收卖家发布的信息，而是主动地寻求产品信息并进行加工学习，不断修正其对产品质量、效用与增值服务等各种属性的认知，经过分析后才做出购买决策。[1,147]

2.4 支付痛苦钝化

行为经济学家塞勒(Richard Thaler)于1980年提出心理账户理论，该理论认为人们会将不同的收入来源、不同的消费支出划分到不同账户，并用不同的态度去对待不同数量的收入。[99]然而，心理账户理论只是典型的经济学假设，并没有考虑人的情感因素，而人的情感因素在消费决策中起着关键作用。[152]于是，Prelec与Loewenstein根据心理账户理论构建了双通道心理账户模型。该理论认为，人们在购物时会同时激活两个心理通道，一个心理通道如同心理账户理论，人们会记录消费的正效用，而另一个心理通道则记录付款的负效用，并在模型中阐述了支付痛苦与消费快乐的关系，提出了支付痛苦钝化系数和消费快乐弱化系数。该理论兼顾了消费决策中的理性因素和情感因素，很好地解释了支付痛苦的成因及作用机制，并指出，支付痛苦是指消费者为消费支付成本时所经历的一种消极情绪体验。[100]与现售不同，预售模式下消费者购买与消费分离的现象对消费者行为产生重要影响。[101,102]在两阶段混合预售模式中，消费者不仅推迟了尾款的支付时间，少额订金的支付还能够保证产品的可获得性。产品剩余尾款的延期支付弱化了消费者的支付痛苦，从而在一定程度上增强了消费者的购买意愿。此外，随着支付尾款期的临近，消费者对产品的估值会更加确定。在支付痛苦钝化和预售的双重刺激下，消费者更容易在预售期做出购买行为。

2.5 离散选择模型

离散选择模型(Discrete Choice Models)，也叫基于选择的结合分析模型(Choice-Based Conjoint Analysis)。美国经济学家丹尼尔·麦克法登(Daniel L. McFadden)通过设计实验方案模拟所要研究产品或增值服务的市场竞争环境，测量消费者的购买行为以获得消费者如何在不同产品或增值服务属性水平和价格条件下进行选择，从而提出离散选择模型概念[153]，并于2000年获得诺贝尔经济学奖。离散选择模型是一种处理离散的、非线性的、定性的复杂高级多元统计分析技术，它的出现使得经济学家能够对那些理论上是连续的，但在实际中只能观察到离散取值的变量建立模型。

离散选择模型的基本原理为随机效用理论(Random Utility Theory)，它指出一次选择行为通常包含决策者(Decision Maker)、备选方案集(Alternatives)、各个方案的属性(Attributes of Alternatives)和决策准则(Decision Tules)四个要素。其中，决策者自身的属性会对选择的结果产生影响；决策准则有优势准则(Dominance Rule)、下限准则(Satisfactory Rule)、多重排序准则(Lexicographic Rule)和效用最大化准则(Utility Maximization Rule)等。离散选择模型假设决策者有 J 个备选项，分别对应一定的效用 U，该效用由固定和随机两部分加和构成，固定效用 V 能够被一定的可观测要素所解释，而随机效用 ε 代表了未被观测的效用及误差的影响。决策者的策略为选择效用最高的备选项，那么每个备选项被选中的概率可以表示为其固定效用的函数：$P=F(V)$，函数的具体形式取决于随机效用的分布。

离散选择模型的划分种类多样，按照备选方案的数量可以将离散选择模型分为二项选择模型(Binomial Choice Models)和多项选择模型(Multinomial Choice Models)；按照备选方案的特征可以将离散选择模型分为无序离散选择模型(Unordered DCM)和有序离散选择模型(Ordered DCM)。常用的离散选择模型主要有 MNL 模型[40,154-157]、嵌套 Logit(Nested Logit，NL)模型[158]、多项式概率(Multinomial Probit，MNP)模型、混合 Logit(Mixed Logit，MXL)模型、成对组合 Logic(Protocol Composition Logic，PCL)模型[159]等。其中，MNL 模型凭借其简洁的算式和可处理性，被广泛应用于产品定价[154]、分类优化[40]、运输计划[160-162]等方面。

离散选择模型作为模拟消费者选择行为的重要理论工具，得到了广泛的使用，为产品定价研究领域提供了更加丰富的模型理论支撑。在定价与优化方面，Du 等将网络效应引入效用函数，顾客购买某产品的概率与该产品的总销量有关。[154]结果表明，产品在不同的网络效应强度下呈现出不同的最优定价。为了最大化不确定性参数集在最坏情况下的期望收益，Rusmevichientong 和 Topaloglu 研究了稳健分类优化问题。[155]。Agrawal 等研究了基于 MNL 模型的动态的产品分类选择问题，与传统的先探索后利用不同，该模型可以实现同步。[40]

由于 MNL 模型自身无法突破效用随机项的独立性和同义性以及不相关替代项的限制，众多学者为改善模型的合理性展开研究，进一步丰富和扩展了 MNL 模型。通过建立柔性模型结构，松弛了效用随机项的约束条件，即独立同分布于 Gumble 极值分布这一限制，进而提出了 NL 模型[158]、PCL 模型[159]等；通过对效用可观测项的计算进行非线性变化以提高计算概率的合理性，进而提出了 BCL(Box－Cox Logit)[163]模型。

2.6　消费者社会学习理论

美国心理学家阿尔伯特·班杜拉(Albert Bandura)致力于观察学习和自我调节在引发人的行为中的作用，关注环境和人的行为间的相互作用。班杜拉认为行为主义的刺激—反应理论无法解释人类的观察学习现象，比如个体会表现出新的行为、个体在观察榜样行为后的数天、数周甚至数月后可能模仿该行为等。为了证明自己的观点，班杜拉进行了一系列实验，提出观察学习、交互决定论、自我调节理论和自我效能理论，逐步建立起他的社会学习理论。社会学习理论由班杜拉于 1977 年正式提出，该理论探讨了个人的认知、行为与环境因素三者及其交互作用对人类行为的影响。

消费者社会学习理论是社会学习理论在消费者行为研究中的实践性拓展，是研究消费者行为学的重要工具，是理解和实践市场营销顾客导向理念的逻辑起点。通常而言，消费者社会学习是指消费者在决策过程中具备学习行为，并遵循信息获取、认知学习和认知更新三个基本过程展开。[164,165]他们在购买和使用产品的过程中，不断地累积经验、知识和技能，从而完善自身的购买行为。

现如今，平台经济的出现和快速发展，改变了人们的消费方式。线上渠道呈现出的多元化、易获取性、长时记忆性等产品数据特征使得消费者在信息获取阶段获得大量数据，从而提高了消费者的认知学习和认知更新难度，增加了消费者的选择困难。围绕在线评论，学者们对消费者的认知学习和更新过程展开研究。王安宁等人对近年来有关在线评论的文献进行梳理，发现学者们的研究主题主要有消费者购买意愿、关键信息提取和企业经营决策等。[166]针对在线评论对购买意愿的影响，现有研究主要围绕评论数量[167]、平均打分[168]等指标特征，以及评论质量[169]、评论感情[170]、特征观点[171]等内容特征。然而，以往的研究大多只考虑指标特征，且往往采用综合指标。[172-176]Yang 等定义 q_0 刻画在线评论影响力，且 $q_0 \in [-1, 1]$。[174]如果消费者接收到的为积极的评论信号，则 $q_0>0$。实际上，指标特征作为在线评论的表层信息，更多地在产品搜索中起作用。在决策过程中，消费者更倾向于浏览具体的产品评论，并将内容特征作为参考依据进行认知学习。因此，识别在线评论的多维属性对消费者的行为预测具有重要的现实意义。

对此，学者们提出对评论文本进行关键信息提取，利用情感分析方法识别评论文本中的情感倾向和可信度属性[177]，从而分析该特征的强度来评估产品特征性能。其中，情感分析的两种常用方法为情感字典[178,179]和深度学习[180,181]。与情感字典相比，深度学习的准确率更高，因此被广泛采用，常用的算法有 TextCNN、LSTM 和 CNN-BiLSTM[181]等。至此，评论文本的情感分析研究取得了较大的进步，如何评估消费者在评论信息刺激下的社会学习过程是下一个研究问题。目前，大多数文献利用通过综合数据分析得到的特征值来量化在线评论的影响力，这种方法比直接采用指标特征的方式更合理，然而，对于大多数消费者而言，在购买决策过程中，他们不可能浏览数以百计、千计甚至万计的在线评论，因此采用综合数据与实际行为存在差异。[51]

事实上，消费者对评论信息采用逐条获取的方式，且认知学习发生在浏览完每一条评论信息之后，即在线评论以条为单位影响消费者行为。在此期间，消费者被在线评论锚定展开对产品性能、外观、质量等方面的认知学习。锚定是指人们倾向于把将来的估计和已采用的估计联系起来，同时易受他人建议的影响。[1]当消费者被产品特征数据锚定完成认知学习后，认知更新随之进行。Jiang 和 Guo[182]指出，消费者在接收评论信息后结合信息、采用贝叶斯理论进行认知更新，这种更新方式客观且高度拟合实际。显然，正负评论信息的陈列方式和比率影响了消费者的认知过程，持续的负面评论将消磨消费者的社会学习热情，直至完全丧失对产品的兴趣，进而退出线上市场。换句话说，持续的负面评论将缩短消费者从初始认知学习到决策间的时间间隔。因此，平台模式下消费者社会学习过程对购买行为和在线产品定价具有重要的影响。

2.7 网络效应

网络效应，即网络外部性，是由 Katz 与 Shapiro 于 1985 年正式提出的。[183]当某个消费者购买或使用某一产品的效用受该产品的销量或其用户数影响时，该产品便会显示出网络效应(网络外部性)。其实，早在1950年，Leibenstein[103]就做过相关研究，他所研究的消费者从众行为就是一种典型的网络外部性表现。

网络效应按影响范围可分为全局网络效应和局部网络效应，本书则主要研究全局网络效应对产品定价问题的影响，在此领域，网络效应大致分为正网络效应和负网络效应。

首先，正网络效应在生活中的应用随处可见，如手机与电脑的操作系统、社区论坛、社交型软件等，购买或使用这些产品的消费者越多，消费者的消费或使用体验就会越好，即效用越高。段永瑞和戈瑶[184]将广告增值服务提供商作为双边平台，构建了一个网络效应的双边市场模型，研究了平台努力水平和广告定价策略问题，进而得出结论：最优努力水平、广告价格以及平台利润均随着网络效应对广告商的影响程度以及平台单位努力效果的增大而增大。

其次，关于负网络效应的研究，Qi等[110]研究了在产品含有负网络效应的情境下，应用MMM模型，研究了最优定价、市场份额和利润随网络效应的变化情况，发现在产品线定价问题中考虑网络效应可以使公司获得较大的预期利润。Wang和Wang[114]研究了具有负网络效应的消费者选择模型，首先描述了在MNL模型下的选择概率，然后研究了在这种选择模型下的产品组合优化问题。赵道致等[185]对网络外部性的研究则更加深入，引入总网络外部性系数，不同于以往的正网络外部性只能为正值，负网络外部性只能为负值，总网络外部性没有正负限制，研究网络外部性对网约车和出租车的出行增值服务竞争的影响，发现当总网络外部性为正时，两种增值服务需较高差异化才能实现共存，而当总网络外部性为负时，无须其他条件约束，两种增值服务皆可共存。

另外，也有很多学者从直接网络效应、间接网络效应和交叉网络效应等角度对网络效应进行研究。[115-121] 总之，网络效应在产品定价领域的应用已经十分成熟，广受学者们的认同。

2.8 捆绑策略与增值服务

2.8.1 捆绑策略

捆绑策略为一种成熟的商业策略，大多数企业在销售产品时都会考虑是否采用捆绑策略[186]。Stigler[187]声称相比产品独立销售，采用捆绑策略提供产品可能更有利可图；Adams 和 Yellen[188]研究表明，企业不仅可以提供一个纯捆绑策略，还可以单独提供其组成部分，他们称之为混合捆绑策略。大多数学者集中于寡头垄断背景下对捆绑策略适用条件的研究，主要分为两个方面，分别是产品与产品之间的捆绑策略和产品与增值服务之间的捆绑策略。有关产品与产品之间的捆绑策略，主要是通过博弈论研究双寡头垄断背景下，产品与产品的捆绑定价问题。Guo 等[189]研究了两个独立供应商分销产品的零售平台的最优捆绑策略，通过对一个两阶段斯塔克尔伯格博弈(Stackelberg Competition)的分析，发现只有在佣金率和产品价格足够高的情况下，平台才会采用捆绑策略。Zhou 等[190]通过开发和分析多阶段博弈理论模型来代表两家竞争企业之间的战略互动，来评估捆绑策略对企业产品和定价策略的影响。Gökgür 和 Karabatı[191]研究了一个多细分市场中动态和特定的纯捆绑策略如何影响零售商的收入，进而开发了一个收入模型，该模型综合了定价决策的动态和特定领域，并提出了一个计算研究方法，以分析其相对于单个项目的价格促销对收入的影响。针对正网络效应对企业策略选择的影响，Pang 和 Etzion[192]模拟了企业提供产品和在线增值服务，其中只有后者显示出正网络效应，考虑了捆绑定价和单独定价两种定价策略。捆绑策略在免费增值商业模式中的应用同样广泛，如音乐平台和视频平台中的贵宾（Very Important Person，VIP），即售卖的捆绑增值服务。Asghari 等[193]建立了一个由主从博弈模型组成的分析框架，考虑了捆绑包中加入免费增值服务所产生的拥塞效应，得到了移动网络运营商的斯塔克尔伯格均衡策略。Chen 等[194]研究了产品相关性（可替代性和互补性）对由制造商和零售商组成的分销渠道的决策优化的影响，零售商决定在完全混合捆绑、部分混合捆绑和纯捆绑之间选择捆绑策略，并基于分析模型，揭示了可替代性和互补性对渠道成员最优捆绑决策的影响。

近年来，研究产品与增值服务的捆绑策略的文章大多以双寡头垄断为背景。Zhang 等[195]运用博弈论的方法，建立了一个分析模型，研究了双寡头价格竞争中的部分混合捆绑问题，数值实验表明，均衡定价策略受边际产品成本和捆绑折扣的共同影响；Xu 等[196]建立了一个完全覆盖的双寡头市场模型，在这个市场中，两个公司提供一个具有正网络效应的差异化信息产品和一个互补的优质增值服务给顾客，证明了一家公司只有在其信息产品的内在价值足够大的情况下，才能从不断扩大的市场规模中获益。其中，Zhang 等[107]采用博弈论的方法研究了存在网络效应的免费发行对两家公司之间竞争的影响，得出当一家公司的核心产品在产品质量上具有足够的优势时，对于这家公司而言，最好出售捆绑销售产品，而对另一家则是采用免费策略。Abu 等[197]提出了一个物联网市场模型，其中包括向增值服务提供商出售数据的数据供应商和向客户提供物联网增值服务的增值服务提供商，得出与独立销售相比，捆绑物联网增值服务可以使增值服务提供商的利润最大化。以寡头垄断为背景的研究较少，Zhou[198]提出了一个研究寡头垄断市场竞争（纯）捆绑的框架，发现在相当普遍的情况下，相对于单独销售，捆绑销售提高了市场价格，使企业受益。Asghari 等[193]从移动网络运营商角度出发，建立了一个由 Leader-Follower 博弈模型组成的分析框架，分析是否将免费增值服务包含在他们提供的捆绑包中。Zhang 和 Gao[199] 从厂家提供的质保角度出发，探讨了延长质保与新产品捆绑使用，或由消费者自愿以单独价格购买的情况下，产品和延长保修的制造商的最优定价决策，以及延长保修的可转让性。

国内关于捆绑策略的研究十分深入，李四杰等[200] 通过斯塔克尔伯格博弈，分别针对双方均捆绑和双方均不捆绑等四种情形，研究在位企业和潜在竞争者的市场策略和最优价格决策。杨光勇和计国君[201] 研究了捆绑策略下的一种特殊情况，即对于低性能产品引入的价值，考虑了只销售高性能产品的基准策略以及同时销售两种产品的完全捆绑策略、分开销售策略与混合捆绑策略。潘林和周水银[202] 对四种定价模型(分开—分开、分开—捆绑、捆绑—分开、捆绑—捆绑)进行比较分析，探讨了产品互补程度、边际利润水平与供应链利润、最优捆绑策略的关系。程岩[203] 基于延迟购买效用分析提出了易逝品市场需求状态模型和动态捆绑的决策过程模型，并给出了决策过程模型中随机参数的估计方法。

2.8.2 免费增值模式

免费增值模式，即向市场推出有基础功能的免费产品和付费增值服务，近年来在网络经济中得到广泛应用。关于免费增值模式的研究主要集中在广告盈利[204,205]、虚拟货币定价[206] 和网络效应等方面。Appel 等[207] 在考虑程序货币化的基础上进一步阐明了广告对企业盈利的影响，证明即使广告商没有为这些广告付费，应用程序提供商也可以从提供带有广告的免费版本中获利。而 Sato[208] 从消费者角度出发，将消费者分为愿意避免广告和不愿意避免广告两类，研究了一个基于双边市场的广告平台的菜单定价模型。关于虚拟货币的研究主要集中在游戏产品定价中，针对免费增值模式在游戏产品定价的适用性，Harviainen[112] 的研究表明免费增值定价模式失败的一个主要原因是技术开发导向，以及内容差和过于激进的货币化，而不是客户体验。在此基础上，Meng 等[209]进一步阐明了免费增值模式下游戏时间货币化对企业收益的影响，发现当时间收益率高于一个阈值时，虚拟销售策略将使供应商受益。对于网络效应，Shi 等[210]发现在没有网络效应的标准筛选框架中，免费增值模式从未出现最优，并表明当产品之间的网络效应相同时，公司有更大的动机扩大网络规模，进一步说明考虑网络效应对免费增值模式下增值服务定价研究的必要性。国内关于免费增值模式下定价的研究相对较少，针对作为免费增值模式的重要盈利手段——广告，李志鹏等[211]考虑网络视频收费期内用户情绪效用产生的网络口碑对视频节目扩散过程的影响，运用数理分析方法，研究了网络视频运营商关于节目价格与广告投放量的最优决策问题。

2.9　本章小结

本章首先阐述了期望效用理论、锚定效应、离散选择模型、网络效应、增值服务和消费者社会学习理论的基本概念，介绍了该理论的主要内容。其次指出期望效用理论的完全理性人假设与实际不符，阐述锚定效应、离散选择模型和消费者社会学习对量化消费者行为的必要性和现实性。最后梳理当前平台经济下的产品定价研究以及四大理论在行为运作管理中的应用现状。

第3章

多因素锚定效应下的在线产品定价研究

在线产品定价是影响顾客购买和电商企业利润的重要因素，平台信息对顾客购买决策行为的影响日益突出，为研究顾客锚定心理对产品定价的影响，本章考虑平台顾客被产品价格、销量锚定，通过锚定—调整启发法将锚定心理刻画在效用函数中，借助 MNL 模型，对顾客选择行为和在线产品定价进行研究。研究得出了顾客锚点和锚定程度对产品最优定价的影响机制。特别地，当顾客仅被销量锚定时，最优解与锚定程度之间存在单调关系。当顾客同时被销量、价格锚定时，两者之间产生相互作用，并带来更复杂的结果。本章将为在线零售商提供一套更具灵活性和针对性的静态定价机制，为在线零售商基于历史消费数据及顾客行为分析的动态定价提供理论基础和决策依据。

3.1 问题描述与模型假设

3.1.1 问题描述

本章针对单个垄断厂商在电商平台销售一种新产品。经过产品预售期，在线零售商取得了销量 Q。考虑到平台顾客被价格、销量锚定的有限理性行为，在线零售商要提出正式销售期内产品最优定价策略，以实现利润最大化。

平台顾客在进行购买决策时，会对比产品的当前价格 p 与价格锚点

p_t 以及当前累计销量 Q 与销量锚点 Q_t，并以此为依据，结合自身的购买经验和产品信息搜索能力，调整对该产品的感知效用，进而决定是否购买。其中，锚点和锚定程度一方面与企业的策略行为有关，如好评返现；另一方面受到自身学识、经验等因素的影响。

3.1.2 模型假设与相关参数

为保证研究的合理性和可行性，做出如下假设：

S_1：消费者有限理性且损失规避；[7]

S_2：每个消费者在整个销售期至多购买一件产品；[212]

S_3：消费者具有同质偏好，即只考虑一个细分市场；[213]

S_4：产品销售期足够长，且供货量充足；

S_5：库存成本忽略不计且没有库存限制。[29]

相关模型的符号描述如表 3-1 所示。

表 3-1 相关参数定义

参数	含义
U	消费者对产品的感知效用
v	可观测到的与产品质量水平相关的效用
p	单位产品的价格
θ_s	销量锚定系数
θ_c	价格锚定系数
∂_s	消费者被销量锚定所引起的感知效用的变化量
∂_c	消费者被价格锚定所引起的感知效用的变化量
ε	不可观测效用/误差
p_t	价格锚点/参考价格
Q	期初销量
Q_t	销量锚点
λ_s	与销量有关的损失规避系数
λ_c	与价格有关的损失规避系数
c	单位产品的销售成本

3.2　模型构建与求解

3.2.1　模型构建

考虑顾客锚定-调整心理，基于 MNL 模型，建立在线零售商产品最优定价模型，并进一步分析顾客选择行为对定价策略的影响。

根据顾客偏好同质假设，即假设顾客对产品有着同样的选择偏好，可以等价地认为市场中只有一位代表性顾客，即 $m=1$，则此问题可以概括为同质产品和同质顾客的定价问题。这里的同质产品指的是一类产品，而非一个，同质顾客指的是一个细分市场，而非一位顾客。

考虑消费者同时被价格和销量锚定，在其他方面均完全理性，并用下标 cs 表示同时被销量和价格锚定的参数，由此可知，消费者购买产品的效用函数为：

$$U=v-p+(1-\theta_c)\partial_c+(1-\theta_s)\partial_s+\varepsilon$$

由于顾客的损失规避特征，当产品期初销量大于销量锚点时，消费者被销量锚定而产生$(Q-Q_t)$的效用增量，反之，产生 $\lambda_s(Q_t-Q)$的效用减量。效用函数中的∂_s表示为：

$$\partial_s=\begin{cases}Q-Q_t & Q>Q_t\\ -\lambda_s(Q_t-Q) & Q\leqslant Q_t\end{cases}$$

同理，当产品当前价格低于价格锚点时，消费者被价格锚定而产生(p_t-p)的效用增量，反之，产生 $\lambda_c(p-p_t)$的效用减量。效用函数中的∂_c表示为：

$$\partial_c=\begin{cases}p_t-p & p_t>p\\ -\lambda_c(p-p_t) & p_t\leqslant p\end{cases}$$

其中，θ_s，$\theta_c \in [0, 1]$，$(1-\theta)$是指消费者被锚定后通过自身的经验和学识对心理误差进行调整的程度。当 $\theta=1$ 时，消费者调整到完全理性状态。本章将 θ 称作锚定系数，锚定系数越大，则锚定程度越小，消费者受到锚定效应的影响就越小。

基于 MNL 模型，顾客的选择概率为：

$$q_{cs}=\frac{e^{v-p+(1-\theta_c)\partial_c+(1-\theta_s)\partial_s}}{1+e^{v-p+(1-\theta_c)\partial_c+(1-\theta_s)\partial_s}} \tag{3-1}$$

于是，在线零售商的利润函数为：

$$\pi_{cs}=(p_{cs}-c)q_{cs} \tag{3-2}$$

则该定价优化问题可以描述为：

$$f_{cs}=\max_{p_{cs}}\pi_{cs} \tag{3-3}$$

3.2.2 模型求解

Hanson 和 Martin[214] 已经指出利润函数关于价格变量是非凹的，因此可以将利润函数转变为关于自变量 q_{cs} 的函数。根据 MNL 模型：

1. 当 $p_t>p$ 时，价格可表示为

$$p_{cs}^A=\frac{1}{2-\theta_c}[v+(1-\theta_c)p_t+(1-\theta_s)\partial_s-\ln\frac{q_{cs}}{1-q_{cs}}] \tag{3-4}$$

在线零售商的利润函数为：

$$\pi_{cs}^A=\{\frac{1}{2-\theta_c}[v+(1-\theta_c)p_t+(1-\theta_s)\partial_s-\ln\frac{q_{cs}}{1-q_{cs}}]-c\}q_{cs} \tag{3-5}$$

则问题转化为：

$$f_{cs}=\max_{q_{cs}}(p_{cs}-c)q_{cs} \tag{3-6}$$

在线零售商的利润函数 π_{cs} 关于 q_{cs} 的一阶导数和二阶导数分别为：

$$\frac{d\pi_{cs}^A}{dq_{cs}}=\frac{1}{2-\theta_c}[v+(1-\theta_s)\partial_s-\ln\frac{q_{cs}}{1-q_{cs}}-\frac{1}{1-q_{cs}}+(1-\theta_c)p_t]-c \tag{3-7}$$

$$\frac{d^2\pi_{cs}^A}{dq_{cs}^2}=-\frac{1}{(2-\theta_c)}\frac{1}{q_{cs}(1-q_{cs})^2}<0 \tag{3-8}$$

根据MNL模型求解产品定价问题的特征，最优解可以用朗伯 W 函数表示成解析表达式。其中 $W(x)$ 是 W 的解，且满足：

$$x=We^W$$

由式(3-4)、式(3-7)、式(3-8)，得到命题3-1。

命题3-1：当消费者既被价格锚定又被销量锚定，且 $p_t \geqslant p$ 时，有最优定价：

$$p_{cs}^*=\min\{p_t,\ p_{cs}^{A*}\}，且\ p_{cs}^{A*}=\frac{1}{\theta_c-2}[c(\theta_c-2)-W(e^{c(\theta_c-2)+p_t(1-\theta_c)+(1-\theta_s)\partial_s+v-1})-1] \tag{3-9}$$

证明：由式(3-8)可知，利润函数是凹函数，因此有极大值点，在式(3-7)等于0处取得，可以求出 $q_{cs}^{A*}=\frac{W(e^{c(\theta_c-2)+p_t(1-\theta_c)+(1-\theta_s)\partial_s+v-1})}{1+W(e^{c(\theta_c-2)+p_t(1-\theta_c)+(1-\theta_s)\partial_s+v-1})}$，然后将其代入式(3-4)，最终求得 p_{cs}^{A*}。故原命题得证。

2. 当 $p_t \leqslant p$ 时，价格可表示为

$$p_{cs}^B=\frac{1}{(\theta_c-1)\lambda_c-1}[\ln\frac{q_{cs}}{1-q_{cs}}-v-(1-\theta_c)\lambda_c p_t-(1-\theta_s)\partial_s] \tag{3-10}$$

得到在线零售商的利润函数：

$$\pi_{cs}^B=\{\frac{1}{(\theta_c-1)\lambda_c-1}[\ln\frac{q_{cs}}{1-q_{cs}}-v-(1-\theta_c)\lambda_c p_t-(1-\theta_s)\partial_s]-c\}q_{cs} \tag{3-11}$$

于是，在线零售商的利润函数 π_{cs} 关于 q_{cs} 的一阶导数和二阶导数分别为：

$$\frac{d\pi_{cs}^B}{dq_{cs}}=\frac{1}{(\theta_c-1)\lambda_c-1}[\frac{1}{1-q_{cs}}+\ln\frac{q_{cs}}{1-q_{cs}}-v-(1-\theta_c)\lambda_c p_t-(1-\theta_s)\partial_s]-c \tag{3-12}$$

$$\frac{d^2\pi_{cs}^B}{dq_{cs}^2}=\frac{1}{(\theta_c-1)\lambda_c-1}\left[\frac{1}{q_{cs}(1-q_{cs})^2}\right]<0 \tag{3-13}$$

由式(3-10)、式(3-12)、式(3-13)，得到命题3-2。

命题3-2：当消费者既被价格锚定又被销量锚定，且 $p_t \leqslant p$ 时，有最优定价：

$$p_{cs}^*=\max\{p_t,\ p_{cs}^{B*}\}，且$$

$$p_{cs}^{B*}=\frac{1}{(\theta_c-1)\lambda_c-1}\{c[(\theta_c-1)\lambda_c-1]-1-W(e^{v-1+(1-\theta_c)\lambda_c p_t+c[(\theta_c-1)\lambda_c-1]+(1-\theta_s)\partial_s})\} \tag{3-14}$$

证明：由式(3-13)可知，利润函数是凹函数，因此有极大值点，在式(3-12)等于0处取得，可以求出 $q_{cs}^{B*}=\frac{W(e^{v-1+(1-\theta_c)\lambda_c p_t+c[(\theta_c-1)\lambda_c-1]+(1-\theta_s)\partial_s})}{1+W(e^{v-1+(1-\theta_c)\lambda_c p_t+c[(\theta_c-1)\lambda_c-1]+(1-\theta_s)\partial_s})}$，然后将其代入式(3-10)，最终求得 p_{cs}^{B*}。故原命题得证。

由于∂_c为分段函数，因此需要讨论两种情况的可行域。假设当 $p=p_t$ 时，$q=q_t$，由式(3-4)、式(3-10)可知，q 越大，p 越小。因此对于$\partial_c=p_t-p$ 的情况，$p_{cs}(q_{cs})$的可行域为$\{p_{cs}\in R^+ \mid p_{cs}\leqslant p_t\}$($\{q_{cs}\in R^+ \mid q_{cs}\geqslant q_t\}$)；反之对于$\partial_c=-\lambda_c(p-p_t)$的情况，$p_{cs}(q_{cs})$的可行域为$\{p_{cs}\in R^+ \mid p_{cs}\geqslant p_t\}$($\{q_{cs}\in R^+ \mid q_{cs}\leqslant q_t\}$)。由以上命题可知，当给定任意$\theta_c$时，$\pi_{cs}^A$，$\pi_{cs}^B$是关于购买概率$q_{cs}$的一个先递增后递减的函数，在$q_{cs}=q_{cs}^*$处，为极大值点。

显然，对于以上两种情况，存在一个交叉点，即当 $p=p_t$ 时，有$\pi_{cs}^A=\pi_{cs}^B$，本章定义此时利润为π_t。此外，当最优定价取p_{cs}^{A*}时，最大利润用π_{cs}^{A*}表示；当最优定价取p_{cs}^{B*}时，最大利润用π_{cs}^{B*}表示。

不失一般性，为了便于问题阐述，本章用以下仿图研究π_{cs}^A，π_{cs}^B的函数性态。对于任意确定的θ_c，利润函数π_{cs}^A有三种情况，如图3-1所示。

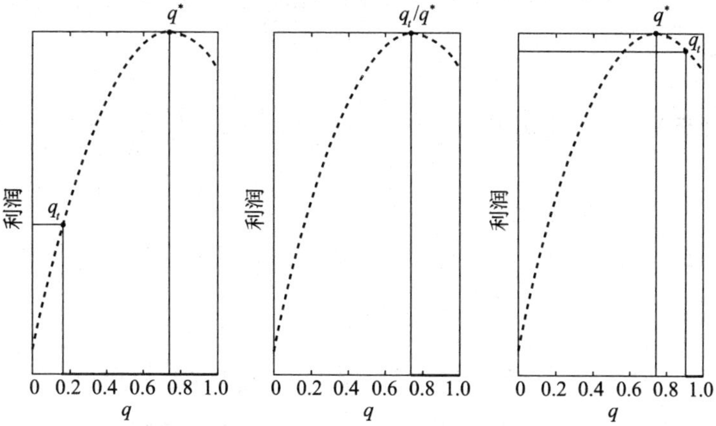

图 3-1　利润函数 π_{cs}^{A} 的仿图

同样地，对于任意确定的 θ_c，利润函数 π_{cs}^{B} 有三种情况，如图 3-2 所示。

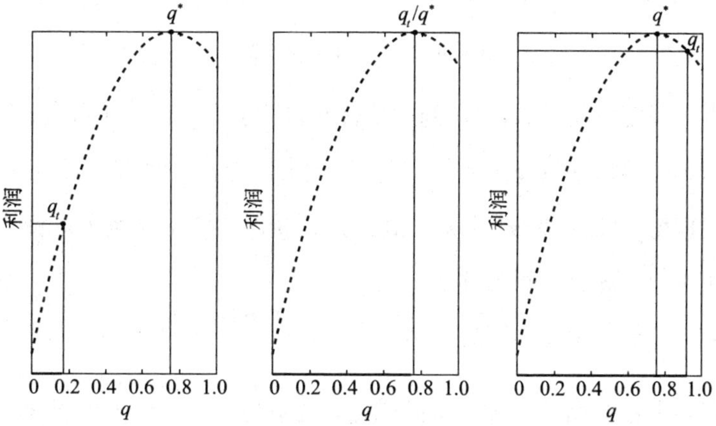

图 3-2　利润函数 π_{cs}^{B} 的仿图

注：图中加粗线表示的是当前情况下 q 的有效区域。

命题 3-3：当 $c \geqslant p_t$，对于任意的 θ_c，产品的最优定价为 p_{cs}^{B*}.

命题 3-3 表明，对于这类满足 $c \geqslant p_t$ 的产品，卖家首先需要做的就是扩大产品的知名度，以提高消费者对该类产品的价格锚点。当消费者提高对该类产品的价格锚点时，卖家才能放宽价格区间，从而获得更大的利润。

命题 3-4：存在边界值 $A_1=\frac{e^{v-p_t+(1-\theta_s)\partial_s}+1}{c-p_t}+2$，$A_2=\frac{1}{\lambda_c}[\frac{e^{v-p_t+(1-\theta_s)\partial_s}+1}{c-p_t}+1]+1$。

(a)若 $c<p_t$ 且 $A_1=A_2$，则当 $\theta_c=1$ 时，最优定价为 p_t，否则，最优定价为 p_{cs}^{A*}。

(b)若 $c<p_t$ 且 $A_1>A_2$，则 θ_c 取任意值，最优定价均为 p_{cs}^{A*}。

(c)若 $c<p_t$ 且 $A_1<A_2$，则当 $\theta_c<A_1$ 时，最优定价为 p_{cs}^{A*}；当 $\theta_c>A_2$ 时，最优定价为 p_{cs}^{B*}；当 $A_1\leqslant\theta_c\leqslant A_2$ 时，最优定价为 p_t。

证明：由式(3-9)可知，要使 $p_{cs}^{A*}\leqslant p_t$，则需 $e^{v-p_t+(1-\theta_s)\partial_s}\leqslant(c-p_t)(\theta_c-2)-1$，由式(3-14)可知，要使 $p_{cs}^{B*}\geqslant p_t$，则需 $e^{v-p_t+(1-\theta_s)\partial_s}\geqslant(c-p_t)[(\theta_c-1)\lambda_c-1]-1$。当 $c<p_t$，$A_1=A_2$，且 $\theta_c<A_1$ 时，存在 $p_{cs}^{A*}<p_t$，$p_{cs}^{B*}<p_t$，即 $q_{cs}^{A*}>q_t$，$q_{cs}^{B*}>q_t$。由图 3-1、图 3-2 可知：

当选择定价在[0, p_t]区间，最优定价为 p_{cs}^{A*}，此时利润为 π_{cs}^{A*}；

当选择定价在[p_t, $+\infty$]区间，最优定价为 p_t，此时利润为 π_t。

根据图 3-2 可得 $\pi_{cs}^{A*}>\pi_t$，故最优定价为 p_{cs}^{A*}。其他定理证明与上述命题类似，此处不再赘述。

由上述命题得出如下结论：

在线平台产品的最优定价问题存在边界值 $A_1=\frac{e^{v-p_t+(1-\theta_s)\partial_s}+1}{c-p_t}+2$，$A_2=\frac{1}{\lambda_c}[\frac{e^{v-p_t+(1-\theta_s)\partial_s}+1}{c-p_t}+1]+1$；

(1)若 $c<p_t$ 且 $A_1=A_2$，当 $\theta_c<A_1(A_2)$ 时，最优定价为 p_{cs}^{A*}；当 $\theta_c=A_1(A_2)$，最优定价为 p_t；当 $\theta_c>A_1(A_2)$ 时，最优定价为 p_{cs}^{B*}。

(2)若 $c<p_t$ 且 $A_1>A_2$，当 $\theta_c\leqslant A_2$ 时，最优定价为 p_{cs}^{A*}；当 $\theta_c\geqslant A_1$ 时，

最优定价为 p_{cs}^{B*}；当 $A_2<\theta_c<A_1$，$\pi_{cs}^{A*}>\pi_{cs}^{B*}$ 时，最优定价为 p_{cs}^{A*}；当 $\pi_{cs}^{A*}<\pi_{cs}^{B*}$ 时，最优定价为 p_{cs}^{B*}；否则既可选择 p_{cs}^{A*} 也可选择 p_{cs}^{B*}。

(3)若 $c<p_t$ 且 $A_1<A_2$，当 $\theta_c<A_1$ 时，最优定价为 p_{cs}^{A*}；当 $\theta_c>A_2$ 时，最优定价为 p_{cs}^{B*}；当 $A_1\leqslant\theta_c\leqslant A_2$ 时，最优定价为 p_t。

此外，当 $A_1=A_2$ 时，存在 $e^{v-p_t+(1-\theta_s)\partial_s}+1=c-p_t$，代入上式可知，此时 $A_1=A_2=1$。同理，当 $A_1>A_2$ 时，有 $A_1>A_2>1$；当 $A_1<A_2$ 时，有 $A_1<A_2<1$。为便于比较，本章用以下图示描述定价模型在不同情况下的最优解。其中，当 $A_1=A_2$ 时，最优解的情况如图 3-3 所示；当 $A_1>A_2$ 时，最优解的情况如图 3-4 所示；当 $A_1<A_2$ 时，最优解的情况如图 3-5 所示。

图 3-3　$A_1=A_2$ 情况下的最优解

由上述分析可知，$0\leqslant\theta_c\leqslant1$。显然，根据图 3-3、图 3-4 和图 3-5 可知，当 $\theta_c<1$ 时，最优定价为 p_{cs}^{A*}；当 $\theta_c=1$ 时，最优定价为 p_t。命题 3-4 的其余证明同上述，不再赘述。

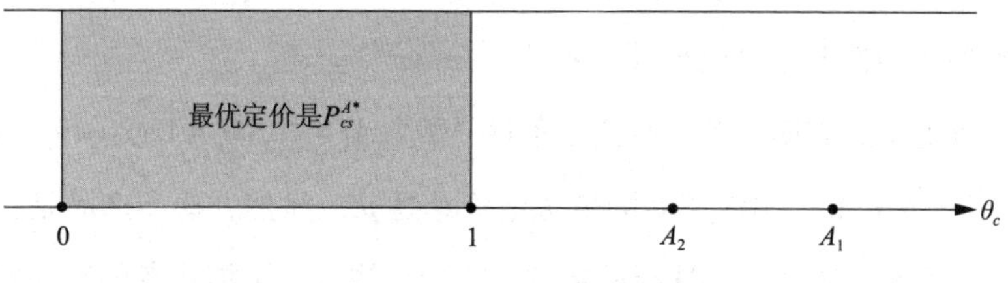

图 3-4　$A_1>A_2$ 情况下的最优解

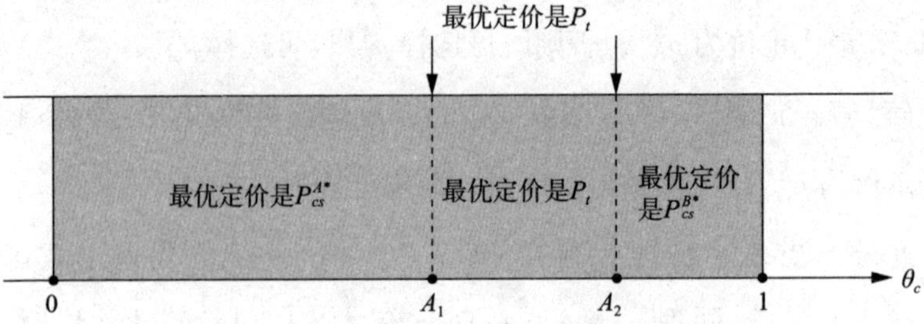

图 3-5　$A_1<A_2$ 情况下的最优解

注：阴影部分为有效域区间。

结合命题 3-3 和命题 3-4 可以发现，本章给出了定价策略优化问题的全局最优解。同时，命题 3-3 和命题 3-4 表明，对在线零售商而言，在制定定价策略的过程中需要将锚点、锚定程度、产品成本、损失规避等因素考虑在内。命题 3-3 和命题 3-4 的结论可以为产品的长期营销策略提供决策参考。

命题 3-5：当最优定价为 p_{cs}^{A*} 时，有最大利润 $\pi_{cs}^{A*}=\dfrac{W\left(e^{c(\theta_c-2)+p_t(1-\theta_c)+(1-\theta_s)\partial_s+v-1}\right)}{2-\theta_c}$；当最优定价为 p_{cs}^{B*} 时，有最大利润 $\pi_{cs}^{B*}=\dfrac{W\left(e^{v-1+(1-\theta_c)\lambda_c p_t+c[(\theta_c-1)\lambda_c-1]+(1-\theta_s)\partial_s}\right)}{[(1-\theta_c)\lambda_c+1]}$；当最优定价为 p_t 时，有最大利润 $\pi_t=(p_t-c)\dfrac{e^{[v-p_t+(1-\theta_s)\partial_s]}}{1+e^{[v-p_t+(1-\theta_s)\partial_s]}}$，且 $\pi_t<\pi_{cs}^{A*}$，$\pi_t<\pi_{cs}^{B*}$。

证明：将 p_{cs}^{A*}，p_{cs}^{B*}，p_t 代入利润函数 $\pi=(p-c)q$，即可求得。根据命题 3-4 的证明，可以得到 $\pi_t<\pi_{cs}^{A*}$，$\pi_t<\pi_{cs}^{B*}$。

命题 3-5 表明，若产品满足条件 $c<p_t$，$A_1=A_2$，$\theta_c=1$ 或 $c<p_t$，$A_1<A_2$，$A_1\leqslant\theta_c\leqslant A_2$，则该产品的最优定价总是 p_t。显然，这类产品是特殊的。对于这类产品，若选择的定价高于价格锚点，则消费者的感知效用会在锚定效应的影响下有所下降，从而降低其购买意愿；反之亦然。此

时，对于满足 $c<p_t$，$A_1=A_2$，$\theta_c=1$ 或 $c<p_t$、$A_1<A_2$，$A_1\leqslant\theta_c\leqslant A_2$ 的产品，产品定价上升将会导致销量减少。反之，当选择的定价低于价格锚点时，尽管消费者在锚定效应的影响下提高了购买意愿，但总体利润仍是下降的。因此，对于该类产品，最优定价只能为价格锚点，且此时消费者不受锚定效应的影响。

3.3　在线产品定价策略理论分析

消费者心理受到个性、习惯、经验、生活水平等的影响，因此在购买过程中会表现出很大的不同。其中，一部分消费者过度关注产品价格却忽视产品销量，也有一部分消费者只追求畅销款而不在意价格，还有一部分消费者既关注价格又在意销量。因此，为更好地分析锚点与锚定程度对最优定价的影响，本部分将目标消费人群划分为两大类，即受到价格、销量多因素锚定的消费者和仅被价格或销量单因素锚定的消费者。

3.3.1　多因素锚定下的定价分析

平台顾客既被价格锚定又被销量锚定，即 $\theta_c\neq1$、$\theta_s\neq1$。

命题 3-6：当在线零售商最终选择的定价大于价格锚点时（$p^*=p_{cs}^{B*}$），顾客被价格锚定的程度越大，最优定价越小。

证明：式（3-14）对 θ_c 求偏导数可得：

$$\frac{\partial p_{cs}^{B*}}{\partial\theta_c}=\frac{e^{v+(1-\theta_c)\lambda_c p_t+p_{cs}^{B*}[(\theta_c-1)\lambda_c-1]+(1-\theta_s)\partial_s}\times\lambda_c(-p_t+p_{cs}^{B*})+\lambda_c(p_{cs}^{B*}-c)}{-[(\theta_c-1)\lambda_c-1](1+e^{v+(1-\theta_c)\lambda_c p_t+p_{cs}^{B*}[(\theta_c-1)\lambda_c-1]+(1-\theta_s)\partial_s})}$$

由命题 3-1 可知，当 $p_{cs}^*=p_{cs}^{B*}$ 时，有 $p_{cs}^{B*}>p_t$ 和 $p_{cs}^{B*}>c$，故 $\frac{\partial p_{cs}^{B*}}{\partial\theta_c}>0$，原命题得证。

命题 3-6 表明，对于满足条件 $p_{cs}^{*}=p_{cs}^{B*}$ 的产品，价格锚定程度越低，即消费者对产品价格的敏感度越低，卖家能够获得的产品溢价越高。特别地，当价格锚定程度趋近于 0 时，该类产品可以被归类为奢侈品。

此外，对于初始价格高于价格锚点的产品，如果卖家想进一步提高该类产品的定价，则应该针对产品的性能、质量、原材料等进行全方位宣传，以间接提高消费者的价格锚点或降低消费者的价格锚定程度，从而实现提高产品价格的目的。

最后，命题 3-6 能够验证一个实践规律，即在推出一款新产品之前，卖家通常会先开展一系列宣传活动；在广告和宣传的刺激下，消费者将对该产品有一个较高的价格锚点，以此放宽卖家的定价和利润空间。

命题 3-7：当销量大于消费者内心的销量锚点时，被销量锚定的程度越大，最优定价越大，利润越大，反之则相反。

证明：式(3-9)对 θ_s 求偏导数可得：

$$\frac{\partial p_{cs}^{A*}}{\partial \theta_s}=\frac{-\partial_s e^{v+(1-\theta_c)p_t+(1-\theta_s)\partial_s+p(\theta_c-2)(p-p_t)}}{(2-\theta_c)(1+e^{v+(1-\theta_c)p_t+(1-\theta_s)\partial_s+p(\theta_c-2)(p-p_t)})}$$

式(3-14)对 θ_s 求导可得：

$$\frac{\partial p_{cs}^{B*}}{\partial \theta_s}=\frac{\partial_s .\ e^{v+(1-\theta_c)\lambda_c p_t+p[(\theta_c-1)\lambda_c-1]+(1-\theta_s)\partial_s}}{[(\theta_c-1)\lambda_c-1](1+e^{v+(1-\theta_c)\lambda_c p_t+p[(\theta_c-1)\lambda_c-1]+(1-\theta_s)\partial_s})}$$

显然，当 $Q>Q_t$，即$\partial_s>0$ 时，有$\frac{\partial p_{cs}^{A*}}{\partial \theta_s}<0$ 和$\frac{\partial p_{cs}^{B*}}{\partial \theta_s}<0$。

同样地，由命题 3-7 可知 π_{cs}^{A*} 和 π_{cs}^{B*} 的表达式，则有：

$$\frac{\partial \pi_{cs}^{B*}}{\partial \theta_s}=\frac{\partial_s e^{c[(\theta_c-1)\lambda_c-1]+\lambda_c p_t(1-\theta_c)+(1-\theta_s)\partial_s+v-1}}{\{1-[(\theta_c-1)\lambda_c-1]\pi\}e^{[(\theta_c-1)\lambda_c-1]\pi}[(\theta_c-1)\lambda_c-1]};$$

$$\frac{\partial \pi_{cs}^{A*}}{\partial \theta_s}=\frac{-\partial_s e^{c(\theta_c-2)+p_t(1-\theta_c)+(1-\theta_s)\partial_s+v-1}}{[1+\pi_{cs}^{A*}(2-\theta_c)]e^{\pi_{cs}^{A*}(2-\theta_c)}(2-\theta_c)}.$$

因此，当 $Q>Q_t$，即$\partial_s>0$ 时，有$\frac{\partial \pi_{cs}^{A*}}{\partial \theta_s}<0$ 和$\frac{\partial \pi_{cs}^{B*}}{\partial \theta_s}<0$，原命题得证。

命题 3-7 说明高销量的产品拥有更大的定价空间，在一定程度上，还可以导致“抢购热潮”。

命题 3-8：当 $c \geqslant p_t$ 时，被价格锚定的程度越大，利润越小，反之则相反。

证明：由命题 3-3 可知，当 $c \geqslant p_t$ 时，最优定价为 p_{cs}^{B*}，对应利润为 π_{cs}^{B*}。利润函数对 θ_c 求偏导可得：

$$\frac{\partial \pi_{cs}^{B*}}{\partial \theta_c}=\frac{\lambda_c(c-p_t)\times e^{c[(\theta_c-1)\lambda_c-1]+\lambda_c p_t(1-\theta_c)+(1-\theta_s)\partial_s+v-1}}{\{1+[(1-\theta_c)\lambda_c+1]\pi_{cs}^{B*}\}e^{[(1-\theta_c)\lambda_c+1]\pi_{cs}^{B*}}[(1-\theta_c)\lambda_c+1]}+\frac{\lambda_c\pi_{cs}^{B*}}{[(1-\theta_c)\lambda_c+1]}$$

故当 $c \geqslant p_t$ 时，有$\frac{\partial \pi_{cs}^{B*}}{\partial \theta_c}>0$，原命题得证。

命题 3-8 说明，卖家在识别和评估市场机会时应重视地域和文化因素。例如，三、四线城市不适合售卖中高端产品，这是由于中高端产品具备高成本和高溢价特征。三、四线城市的消费者对中高端产品的认知度和忠诚度较低，因此他们不愿意支付高产品溢价。

此外，对那些满足 $c \geqslant p_t$ 条件的产品，卖家应该注重推广产品体验、增值服务理念等方面，从而提高消费者对此类产品的价格锚点，降低消费者对产品价格的敏感程度，进而为此类产品赢得更大的利润空间。

3.3.2　定价分析对比

(1)平台顾客仅被销量锚定

假设平台顾客仅被销量锚定，在其他方面均是完全理性的，即 $\theta_c=1$。用下标 s 表示仅被销量锚定的参数。

命题 3-9：若平台顾客仅被销量锚定，则当产品期初销量大于销量锚点时，锚定程度越大，最优定价和利润越高；反之，当产品期初销量小于销量锚点时，锚定程度越大，最优定价和利润越低；当产品期初销量等于销量锚点时，消费者为完全理性状态，不受锚定效应影响。

证明：将 $\theta_c=1$ 代入式(3-9)、式(3-14)，可以得到：

$$p_s^*=1+c+W(e^{v+(1-\theta_s)\partial_s-c-1}),\ \pi_s^*=W(e^{v+(1-\theta_s)\partial_s-c-1}).$$

最优定价 p_s^* 和利润函数 π_s^* 对 θ_s 求导得：

$$\frac{\mathrm{d}p_s^*}{\mathrm{d}\theta_s}=\frac{-\partial_s e^{v+(1-\theta_s)\partial_s}}{e^{p_s^*}(p_s^*-c)};\ \frac{\mathrm{d}\pi_s^*}{\mathrm{d}\theta_s}=\frac{-\partial_s}{e^{\pi_s^*}(1+\pi_s^*)}$$

显然，由式(3-14)可知，$p_s^*>c$。故当$\partial_s>0$ 时，$\frac{\mathrm{d}p_s^*}{\mathrm{d}\theta_s}<0$，$\frac{\mathrm{d}\pi_s^*}{\mathrm{d}\theta_s}<0$；当$\partial_s<0$ 时，$\frac{\mathrm{d}p_s^*}{\mathrm{d}\theta_s}>0$，$\frac{\mathrm{d}\pi_s^*}{\mathrm{d}\theta_s}>0$；特殊地，当$\partial_s=0$ 时，消费者完全理性。

又$\partial_s=\begin{cases}Q-Q_t & Q>Q_t\\ -\lambda_s(Q_t-Q) & Q\leqslant Q_t\end{cases}$，故原命题得证。

命题 3-9 说明，在线零售商在进行定价时，应该通过事前的产品宣传以及事后的市场调查去影响和估计消费者内心的销量锚点。当产品期初销量大于销量锚点时，最优定价应该高出基于完全理性人假设的最优定价，且锚定程度越大，最优定价高出基于完全理性人假设的最优定价越多，反之则相反。当产品期初销量大于消费者心里的销量锚点时，应侧重营造关于“销量越高产品越好”的舆论，尽可能提高锚定程度，以此获得更大的利润空间。

(2)平台顾客仅被价格锚定

假设平台顾客仅被价格锚定，在其他方面均是完全理性的，即 $\theta_s=1$。

命题 3-10：当 $c\geqslant p_t$ 时，θ_c 取任意值，最优定价均为 p_c^{B*}；

(a)存在边界值 $A_1=\frac{e^{v-p_t}+1}{c-p_t}+2$，$A_2=\frac{1}{\lambda}\left(\frac{e^{v-p_t}+1}{c-p_t}+1\right)+1$。

①当 $A_1=A_2$ 时，若 θ_c 取[0，1)，则最优定价为 p_c^{A*}；若 $\theta_c=1$，则最优定价为 p_t。

②当 $A_1>A_2$ 时，θ_c 取任意值，最优定价均为 p_c^{A*}。

③当 $A_1<A_2$ 时，若 $\theta_c<A_1$，则最优定价为 p_c^{A*}；若 $\theta_c>A_2$ 时，则最优定价为 p_c^{B*}；若 $A_1\leqslant\theta_c\leqslant A_2$，则最优定价为 p_t。

(b) p_c^{A*} 和 p_c^{B*} 的表达式分别为：

$$p_c^{A*}=\frac{1}{\theta_c-2}[c(\theta_c-2)-W(e^{c(\theta_c-2)+p_t(1-\theta_c)+v-1})-1]$$

$$p_c^{B*}=\frac{1}{(\theta_c-1)\lambda_c-1}\{-W(e^{v-1+(1-\theta_c)\lambda_c p_t+c[(\theta_c-1)\lambda_c-1]})+c[(\theta_c-1)\lambda_c-1]-1\}$$

证明：将 $\theta_s=1$ 代入命题 3-3、命题 3-4 即可证得。

命题 3-10 是消费者完全不受锚定效应影响的特例。产生这种现象的原因有两个：一是消费者在消费者过程中不关注销量因素；二是消费者的销量锚点等于产品的当前累计销量。

3.4　数值仿真分析

本部分通过数值仿真实验分析锚定效应和其他相关参数对最优解的影响。首先，研究最优解随参数 *DAP*(Degree to which consumers are Affected by the Price anchoring effect)、*DASV*(Degree to which consumers are Affected by the Sales Volume anchoring effect)的变化趋势。其次，在锚定效应参数估计存在一定误差的情况下，验证最优解的稳健性。

3.4.1　参数 *DAP* 和 *DASV* 对最优解的影响

当消费者被产品价格和销量因素锚定时，他们将表现出不理性行为，会对在线零售商的最优定价和利润产生重要影响。其中，锚定效应

参数 $\theta_c(\theta_s)$ 越大，参数 *DAP*(*DASV*) 越小。为分析参数 *DAP*、*DASV* 与最优解之间的关系，在本部分的数值仿真实验中假设仅 *DAP* 和 *DASV* 变化，其他参数均恒定不变。

(1)最优定价 p_{cs}^* 高于价格锚点 p_t

本部分分析了参数 *DAP* 和 *DASV* 对最优解的影响。首先，命题 6-8 给出了 $p_{cs}^*=p_{cs}^{B*}$ 且 $c \geqslant p_t$ 情况下参数 *DAP*、*DASV* 与最优定价、最大利润之间的关系。然而，对其他情况下的最优解分析尚不清楚。为提高结论的完整性，本部分进行相关数值仿真实验，系统初始参数设置如下：

$$v=10,\ Q=50,\ Q_t=60,\ c=8,\ p_t=10,\ \lambda_c=1.5,\ \lambda_s=1.5$$

在该设定下，参数间关系满足 $c<p_t$，$A_1<A_2<0$ 和 $Q<Q_t$。显然，由命题 3-4 可知，此时最优定价总是高于价格锚点。

最大利润随参数 *DAP* 和 *DASV* 的变化趋势如图 3-6 所示。其中，参数 *DAP* 和 *DASV* 的变化范围为[0，1]。图 3-6(a)上的每一个点(x，y，z)代表当价格锚定程度为 x、销量锚定程度为 y 时，最大利润为 z。为更加清晰地展现出参数 *DAP*、*DASV* 与最大利润之间的关系，绘制图 3-6，其中 3-6(b)为图 3-6(a)的部分具有代表性的横截面和纵截面。

由图 3-6(b)可知，当 *DASV* 分别为 1.0、0.8 和 0.2 时，最大利润随 *DAP* 的增加而先减小后增大。然而，当 *DASV* 为 0 时，最大利润随 *DAP* 的增加而单调增加。为得到更具一般性的结论，结合图 3-6 和命题 3-5 得到推论 3-1。

推论 3-1：当最优定价和利润分别为 p_{cs}^{B*} 和 π_{cs}^{B*} 时，存在边界条件：

$$y_1=\lambda_c(c-p_t)e^{c[(\theta_c-1)\lambda_c-1]+p_t\lambda_c(1-\theta_c)+(1-\theta_s)\partial_s+v-1}+\lambda_c\pi_{cs}^{B*}e^{\pi_{cs}^{B*}[(1-\theta_c)\lambda_c+1]}\{1+\pi_{cs}^{B*}[(1-\theta_c)\lambda_c+1]\}$$

当 $y_1 \geqslant 0$ 时，最大利润并不随着 *DAP* 的增加而单调增加，反之亦然。

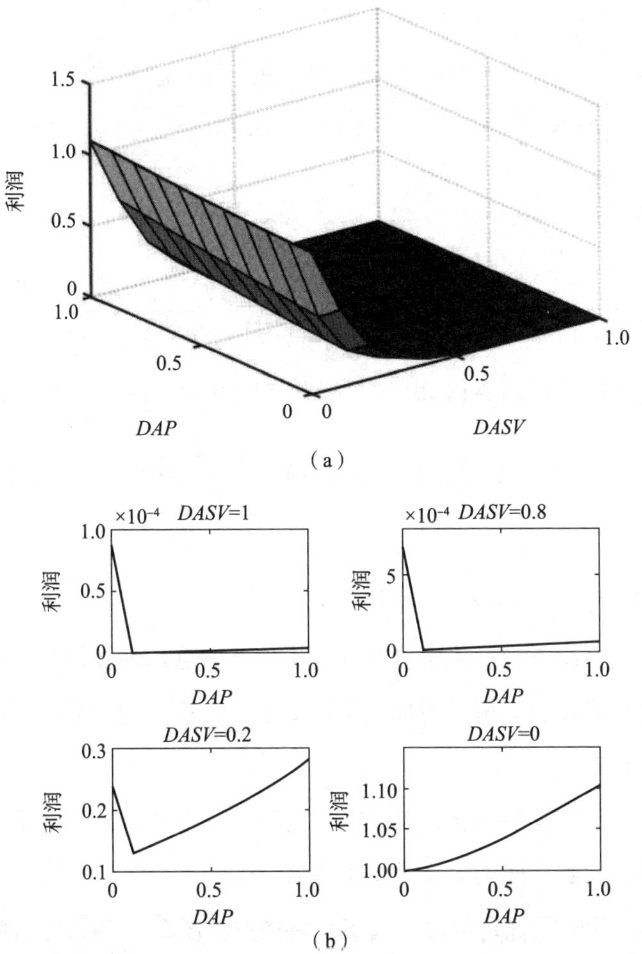

图 3-6　$c<p_t$，$A_1<A_2<0$，$Q<Q_t$ 情形下最优解与参数 DASV、DAP 之间的关系

证明：首先，由命题 3-5 可知 π_{cs}^{B*} 的表达式。其次，由朗伯 W 函数的一般表达式可知，若 $xe^x=t$，则 $x=W(t)$。故由 $\pi_{cs}^{B*}=\dfrac{W(e^{c[(\theta_c-1)\lambda_c-1]+p_t\lambda_c(1-\theta_c)+(1-\theta_s)\partial_s+v-1})}{[(1-\theta_c)\lambda_c+1]}$可得，$\pi_{cs}^{B*}[(1-\theta_c)\lambda_c+1]e^{\pi_{cs}^{B*}[(1-\theta_c)\lambda_c+1]}=e^{c[(\theta_c-1)\lambda_c-1]+p_t\lambda_c(1-\theta_c)+(1-\theta_s)\partial_s+v-1}$。方程两边对 θ_c 求导得：

$$[(1-\theta_c)\lambda_c+1]\left\{\frac{d\pi_{cs}^{B*}}{d\theta_c}e^{\pi_{cs}^{B*}[(1-\theta_c)\lambda_c+1]}\{1+\pi_{cs}^{B*}[(1-\theta_c)\lambda_c+1]\}\right.$$

$$-(\pi_{cs}^{B*})^2\lambda_c e^{\pi_{cs}^{B*}[(1-\theta_c)\lambda_c+1]}\Big\}$$

$$=\lambda_c(c-p_t)e^{c[(\theta_c-1)\lambda_c-1]+p_t\lambda_c(1-\theta_c)+(1-\theta_s)\partial_s+v-1}+\lambda_c\pi_{cs}^{B*}e^{\pi_{cs}^{B*}[(1-\theta_c)\lambda_c+1]}$$

故：$\dfrac{d\pi_{cs}^{B*}}{d\theta_c}$

$$=\frac{\lambda_c(c-p_t)e^{c[(\theta_c-1)\lambda_c-1]+p_t\lambda_c(1-\theta_c)+(1-\theta_s)\partial_s+v-1}+\lambda_c\pi_{cs}^{B*}e^{\pi_{cs}^{B*}[(1-\theta_c)\lambda_c+1]}\{1+\pi_{cs}^{B*}[(1-\theta_c)\lambda_c+1]\}}{[(1-\theta_c)\lambda_c+1]e^{\pi_{cs}^{B*}[(1-\theta_c)\lambda_c+1]}\{1+\pi_{cs}^{B*}[(1-\theta_c)\lambda_c+1]\}}$$

显然，$[(1-\theta_c)\lambda_c+1]>0$，$e^{\pi_{cs}^{B*}[(1-\theta_c)\lambda_c+1]}>0$ 和 $\{1+\pi_{cs}^{B*}[(1-\theta_c)\lambda_c+1]\}>0$。因此，存在边界条件 y_1，当 $y_1\geqslant 0$ 时，$\dfrac{d\pi_{cs}^{B*}}{d\theta_c}\geqslant 0$；反之亦然，原命题得证。

(2)最优定价 p_{cs}^* 低于价格锚点 p_t

在上述情况下，最优定价总是大于价格锚点。为获得更有价值的结论，本部分紧接着分析了当最优定价低于价格锚点时，最优解随锚定程度的变化情况。

首先，设定参数 $c=6$，其余参数设置同图 3-6。显然，可以验证在此设定下，参数之间的关系满足关系式 $c<p_t$，$A_1>A_2$，$Q<Q_t$。结合命题 3-4 可知，此时最优定价总是高于价格锚点。图 3-7 为最优解随锚定程度的变化趋势图。

由图 3-7(b)可知，最优定价随 *DASV* 的增加而减小。然而，随着 *DAP* 的增加，最优定价先减小后增加。结合图 3-7 和命题 3-1 可以得出如下推论：

推论 3-2：当最优定价为 p_{cs}^{A*} 时，存在边界条件：

$$z=(p_{cs}^{A*}-p_t)e^{v+p_t+(1-\theta_s)\partial_s-2p_{cs}^{A*}+\theta_c(p_{cs}^{A*}-p_t)}+(p_{cs}^{A*}-c)$$

当 $z\geqslant 0$ 时，最优定价并不随着 *DAP* 的增加而单调增加，反之亦然。

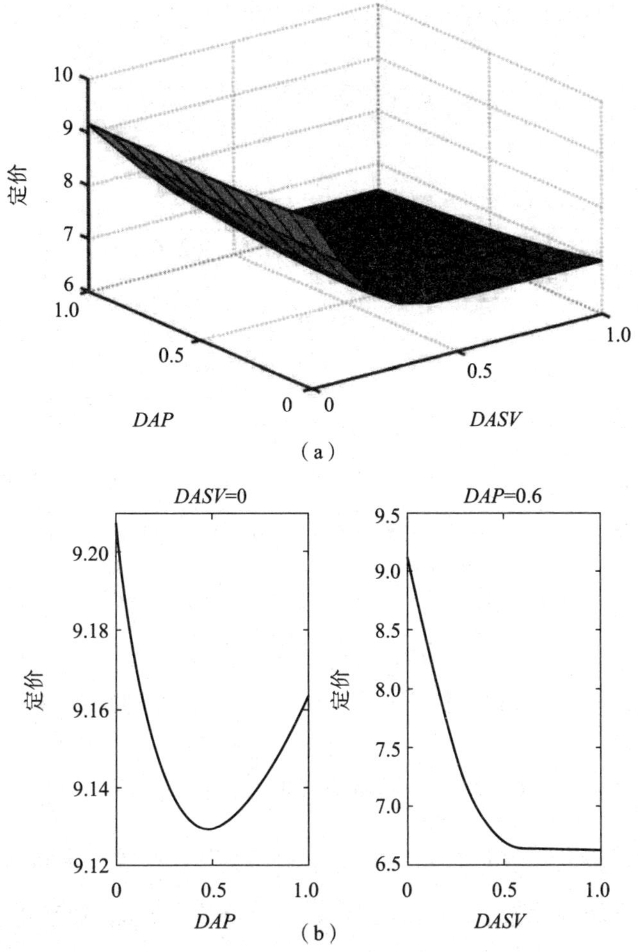

图 3-7　$c<p_t$，$A_1>A_2$，$Q<Q_t$ 情形下最优解与参数 DASV、DAP 之间的关系

证明：由命题 3-1 可知 p_{cs}^{A*} 的表达式，且：

$$p_{cs}^{A*}=\frac{1}{\theta_c-2}[c(\theta_c-2)-W(e^{c(\theta_c-2)+p_t(1-\theta_c)+(1-\theta_s)\partial_s+v-1})-1]$$

与推论 3-1 的证明过程类似，此时有：

$$[(c-p_{cs}^{A*})(\theta_c-2)-1]e^{[(c-p_{cs}^{A*})(\theta_c-2)-1]}=e^{c(\theta_c-2)+p_t(1-\theta_c)+(1-\theta_s)\partial_s+v-1}$$

故方程两边同时对 θ_c 求导得：

$$\left[-\frac{\mathrm{d}p_{cs}^{A*}}{\mathrm{d}\theta_c}(\theta_c-2)+(c-p_{cs}^{A*})\right]e^{[(c-p_{cs}^{A*})(\theta_c-2)-1]}[(c-p_{cs}^{A*})(\theta_c-2)]$$

$$=(c-p_t)e^{c(\theta_c-2)+p_t(1-\theta_c)+(1-\theta_s)\partial_s+v-1}.$$

因此：

$$\frac{\mathrm{d}p_{cs}^{A*}}{\mathrm{d}\theta_c}=\frac{(c-p_t)e^{c(\theta_c-2)+p_t(1-\theta_c)+(1-\theta_s)\partial_s+v-1}}{e^{[(c-p_{cs}^{A*})(\theta_c-2)-1]}[(c-p_{cs}^{A*})(\theta_c-2)](2-\theta_c)}-\frac{(c-p_{cs}^{A*})}{(2-\theta_c)}$$

$$=\frac{(c-p_t)e^{c(\theta_c-2)+p_t(1-\theta_c)+(1-\theta_s)\partial_s+v-1}-(c-p_{cs}^{A*})e^{[(c-p_{cs}^{A*})(\theta_c-2)-1]}[(c-p_{cs}^{A*})(\theta_c-2)-1+1]}{e^{[(c-p_{cs}^{A*})(\theta_c-2)-1]}[(c-p_{cs}^{A*})(\theta_c-2)](2-\theta_c)}$$

又因为 $e^{[(c-p_{cs}^{A*})(\theta_c-2)-1]}[(c-p_{cs}^{A*})(\theta_c-2)-1]=e^{c(\theta_c-2)+p_t(1-\theta_c)+(1-\theta_s)\partial_s+v-1}$，故：

$$\frac{\mathrm{d}p_{cs}^{A*}}{\mathrm{d}\theta_c}=\frac{(p_{cs}^{A*}-p_t)e^{c(\theta_c-2)+p_t(1-\theta_c)+(1-\theta_s)\partial_s+v-1}-(c-p_{cs}^{A*})e^{[(c-p_{cs}^{A*})(\theta_c-2)-1]}}{e^{[(c-p_{cs}^{A*})(\theta_c-2)-1]}[(c-p_{cs}^{A*})(\theta_c-2)](2-\theta_c)}$$

$$=\frac{(p_{cs}^{A*}-p_t)e^{v+p_t+(1-\theta_s)\partial_s-2p_{cs}^{A*}+\theta_c(p_{cs}^{A*}-p_t)}+(p_{cs}^{A*}-c)}{[(c-p_{cs}^{A*})(\theta_c-2)](2-\theta_c)}$$

显然，$(c-p_{cs}^{A*})<0$ 且 $(\theta_c-2)<0$。因此，存在边界条件 z，当 $z\geqslant0$ 时，有 $\frac{\mathrm{d}p_{cs}^{A*}}{\mathrm{d}\theta_c}\geqslant0$；反之亦然，原命题得证。

然后，假设参数 $Q=51$，$Q_t=50$，$c=6$，其余参数设定同图 3-6。此时，参数之间的关系满足 $c<p_t$，$A_1>A_2$，$Q\geqslant Q_t$。由命题 3-4 和图 3-8 可知，该参数设定下的最优定价总是低于价格锚点。

由图 3-8(b) 可知，当 *DASV* 为 1 时，随着 *DAP* 的增加，最大利润逐渐减小。然而，当 *DASV* 分别为 0.2、0.6 和 0 时，随着 *DAP* 的增加，最大利润逐渐增加。结合图 3-8 和命题 3-5 可得推论 3-3。

推论 3-3：当最优定价和利润分别为 p_{cs}^{A*} 和 π_{cs}^{A*} 时，存在边界条件：

$$y_2=(c-p_t)e^{c(\theta_c-2)+p_t(1-\theta_c)+v-1+(1-\theta_s)\partial_s}+\pi_{cs}^{A*}e^{\pi_{cs}^{A*}(2-\theta_c)}[1+\pi_{cs}^{A*}(2-\theta_c)]$$

当 $y_2\geqslant0$ 时，最大利润并不随着 *DAP* 的增加而单调增加，反之亦然。

证明：由命题 3-5 可知 π_{cs}^{A*} 的表达式。证明过程同推论 3-1 和推论 3-2，有：

$$(2-\theta_c)\pi_{cs}^{A*}e^{(2-\theta_c)\pi_{cs}^{A*}}=e^{c(\theta_c-2)+p_t(1-\theta_c)+(1-\theta_s)\partial_s+v-1}$$

方程式两边同时对 θ_c 求导得：

$$\left[-\pi+(2-\theta_c)\frac{d\pi_{cs}^{A*}}{d\theta_c}\right]e^{(2-\theta_c)\pi_{cs}^{A*}}[(2-\theta_c)\pi_{cs}^{A*}+1]=(c-p_t)e^{c(\theta_c-2)+p_t(1-\theta_c)+(1-\theta_s)\partial_s+v-1}$$

因此：

$$\frac{d\pi_{cs}^{A*}}{d\theta_c}=\frac{(c-p_t)e^{c(\theta_c-2)+p_t(1-\theta_c)+(1-\theta_s)\partial_s+v-1}+\pi e^{(2-\theta_c)\pi_{cs}^{A*}}[(2-\theta_c)\pi_{cs}^{A*}+1]}{e^{(2-\theta_c)\pi_{cs}^{A*}}[(2-\theta_c)\pi_{cs}^{A*}+1](2-\theta_c)}$$

显然，$e^{(2-\theta_c)\pi_{cs}^{A*}}>0$，$[(2-\theta_c)\pi_{cs}^{A*}+1]>0$，且 $(2-\theta_c)>0$。故存在边界条件 y_2，当 $y_2\geqslant 0$ 时，有 $\frac{d\pi_{cs}^{A*}}{d\theta_c}\geqslant 0$；反之亦然，故原命题得证。

结合命题 3-1～命题 3-10 和推论 3-1～推论 3-3 可知，理论和数值仿真分析不仅给出了定价策略优化问题的全局最优解，还得到了最优定价、销量和利润函数的变化趋势。具体情况如下：

C_1：当最优定价高于价格锚点时，最优定价随 *DAP* 的增加而减小。否则，最优定价与 *DAP* 之间的关系与 z 是否大于 0 有关。当 $z>0$ 时，*DAP* 越大，最优定价越低，反之亦然。

C_2：当最优定价和成本均高于价格锚点时，*DAP* 越大，最优定价越低。当最优定价高于价格锚点且成本低于价格锚点时，最大利润与 *DAP* 之间的关系与 y_1 是否大于 0 有关。当 $y_1>0$ 时，*DAP* 越大，最大利润越低，反之亦然。当最优定价低于价格锚点时，最大利润与 *DAP* 之间的关系与 y_2 是否大于 0 有关。当 $y_2>0$ 时，*DAP* 越大，最大利润越低，反之亦然。

C_3：当期初销量高于销量锚点时，*DASV* 越大，最优定价和利润越大，反之亦然。

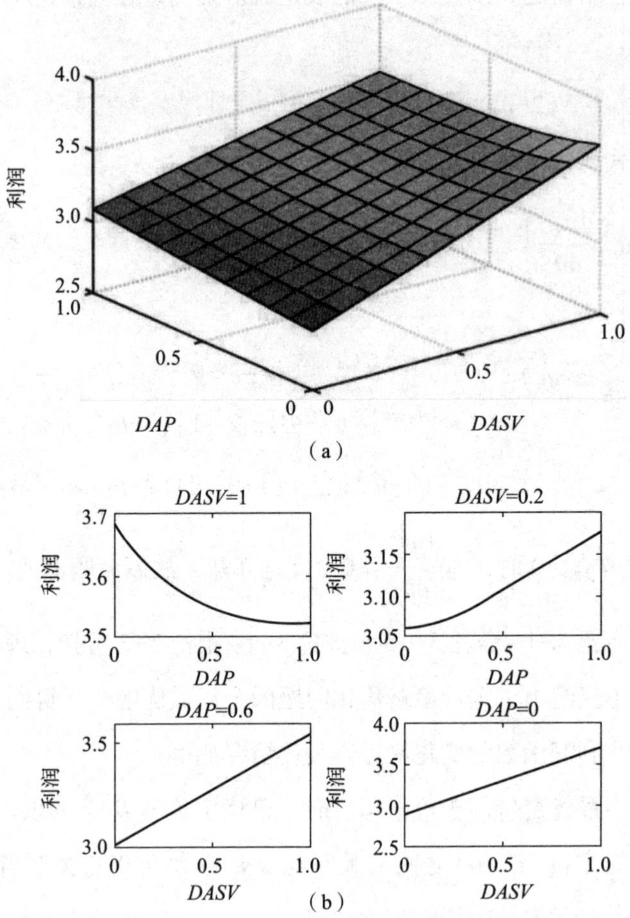

图 3-8　$c<p_t$，$A_1>A_2$，$Q \geqslant Q_t$ 情形下最优解与参数 *DASV*、*DAP* 之间的关系

本部分的研究结果表明，锚定效应是影响在线零售商产品定价和利润的重要因素。为实现利润最大化，在线零售商在产品定价过程中应考虑锚定因素。此外，在线零售商应根据不同的发展目标、市场现状和潜在消费者特征等因素选择合适的营销策略。特别地，当最优定价低于价格锚点且期初销量低于销量锚点时，在线零售商应尽量降低消费者对产品价格和销量的敏感性，如在营销中重点宣传产品的创新性、个性化等特点，从而促使参数 *DASV* 和 *DAP* 尽可能地小，以实现利润最大化的目

标。当最优定价和成本均高于价格锚点时，在线零售商应重点宣传产品的优质性能、优质原材料等方面，从而降低参数 *DAP*，以获得更大的利润。

3.4.2　最优解的稳健性分析

本部分研究了锚定效应参数存在一定的估计误差时，最优解的稳健性。假设在线零售商根据锚定效应参数的估计值 $\tilde{\theta}$ 做出定价决策 $\tilde{p}(\tilde{q})$，但是实际的锚定效应参数为 θ。根据定价 $\tilde{p}(\tilde{q})$，基于 θ 对应的市场份额为 q。显然，当 $\theta=\tilde{\theta}$ 有 $\tilde{q}=\bar{q}$，否则 $\tilde{q}$ 和 $\bar{q}$ 通常是不同的。此时，在线零售商的利润函数为 $\tilde{\pi}=(\tilde{p}-c)\times\bar{q}$。

令 $v=10$，$Q=50$，$Q_t=60$，$c=6$，$p_t=10$，$\lambda_c=1.5$，$\lambda_s=1.5$。同时，定义 $l_p=|\tilde{p}-p^*|/p^*$ 为价格损失，$l_\pi=(\pi^*-\tilde{\pi})/\tilde{\pi}$ 为利润损失率，其中 p^* 和 π^* 为锚定效应参数不存在估计误差时的最优解。损益结果如表 3-2 所示。

表 3-2　锚定效应参数存在误差时解的稳健性

$\tilde{\theta}_c$	0. 38	0. 39	0. 40	0. 41	0. 42
$\tilde{\theta}_s$	0. 58	0. 61	0. 60	0. 62	0. 59
$\theta_c=0.4$，$\theta_s=0.6$					
$\tilde{p}$	6. 814 7	6. 888 9	6. 860 4	6. 913 6	6. 833 8
l_p	0. 007	0. 004	0	0. 008	0. 004
$\tilde{\pi}$	0. 234 9	0. 235 2	0. 235 4	0. 234 8	0. 235 2
l_π	0. 001	<0. 001	0	0. 003	<0. 001

由表 3-2 可知，当锚定效应参数存在一定的估计误差时，对最优解的影响甚微。其中，利润损失率最高为 0. 3%，价格损失率最高为 0. 8%。显然，当锚定效应参数的估计误差在合理范围内时，模型展现

出良好的稳健性。

3.4.3 讨论与管理启示

根据上述理论分析和数值仿真实验，本章得到了锚点、锚定程度与最优定价之间的关系。为进一步获得更具指导意义的产品定价策略和管理启示，在上述命题和推论的启发下进一步进行如下讨论。

当定价低于价格锚点时，有购买动机的消费群体大多对价格很敏感。此时，消费者对价格越敏感，他们被价格锚定的程度越强，即 *DAP* 越大。否则，情况则相反。同时，定义 y_1 为价格阈值，y_2 为利润阈值。

当最优定价低于价格锚点，即 $p^*=p^A$ 时，存在如表 3-3 所示的 2×2 种情况；当最优定价高于价格锚点，即 $p^*=p^B$ 时，存在如表 3-4 所示的 1×2 种情况：

表 3-3 $p^*=p_{cs}^{A*}$ 时的产品类别

z	y_2	
	⩾0	<0
⩾0	A(1, 1)	A(1, 2)
<0	A(2, 1)	A(2, 2)

表 3-4 $p^*=p_{cs}^{B*}$ 时的产品类别

y_1	⩾0	<0
	B(1, 1)	B(1, 2)

由此，本章将市场产品分为 6 种类别，具体如下：

A(1, 1)：该类产品被定义为劣质品。劣质品具备成本低、质量差、老套、价格低廉等特征。对于该类产品而言，价格锚定程度(*DAP*)越高，产品的最优定价和利润越低。同时，该类产品的潜在消费群体对价格因素格外敏感，即 *DAP* 高。因此，此类产品会随着时间的推移逐渐在市场上消失，它们虽然便宜，但没有卖点。

A(1，2)：该类产品被定义为耐用品。耐用品具备物美价廉、款式大众等特征。对于该类产品而言，价格锚定程度(*DAP*)越高，产品的最优定价越高，最大利润越低。同时，该类产品的潜在消费群体对价格因素较敏感，即 *DAP* 较高。因此，此类产品在未来的营销中，应该通过限时抢购、限时促销等活动进行适当的降价，间接减小消费者对价格的锚定程度，从而实现增加利润的目的。此类产品性价比高，但所占市场份额很少，若盲目地对其进行低价营销，则不仅无法获得更大的利润，而且会降低消费者对此类产品的感知效用。

A(2，1)：该类产品被定义为畅销品。畅销品具备成本低、价格偏高、新颖、符合大众需求等特征。对于该类产品而言，价格锚定程度(*DAP*)越高，产品的最优定价越低，最大利润越高。同时，该类产品的潜在消费群体对价格因素较敏感，即 *DAP* 较高。因此，此类产品适合走“薄利多销”道路，在线零售商可以通过此产品来抢占市场份额，借机占领市场，提高品牌知名度。但低价营销会使消费者内心对该品牌产生低价锚定，若想走中高端品牌路线，必须通过产品升级。

A(2，2)：该类产品被定义为大众产品。大众产品具备物美价廉、质量偏高、有创新点、时代化等特征。对于该类产品而言，价格锚定程度(*DAP*)越高，产品的最优定价和利润越高。同时，该类产品的潜在消费群体对价格较敏感，即 *DAP* 较高。因此，此类产品在宣传方面应强调产品性价比，主打平价、优质，其消费人群定位在中产阶级。

B(1，1)：该类产品被定义为轻奢品。轻奢品具备质量偏高、满足大众时代化需求等特征。对于该类产品而言，价格锚定程度(*DAP*)越低，产品的最优定价和利润越高。同时，该类产品的潜在消费群体对价格较不敏感，即 *DAP* 较低。此类产品的消费人群在消费该类产品时，主要是为了通过此类产品来满足自身的购物欲、彰显身份等，该类产品不仅价格昂贵，而且具备很大的卖点。

B(1，2)：该类产品被定义为奢侈品。奢侈品具备质量高、成本高、创新性强、能够满足个性化需求等特征。对于该类产品而言，价格锚定程度(*DAP*)越低，产品的最优定价越高，最大利润越低。同时，该类产品的潜在消费群体对价格不敏感，即 *DAP* 低。此类产品主要针对高端消费群体，他们大多属于行业中的佼佼者，收入颇高，该类产品具备低调奢华的特点。

3.5 本章小结

本章站在在线零售商的角度，基于锚定效应和 MNL 模型，研究消费者锚定—调整心理对在线产品定价策略的影响。在求得理论最优解的基础上，通过数值仿真实验得出相关管理启示。研究发现，在多因素锚定效应和损失规避心理的影响下，消费者行为异常复杂，为在线零售商的产品定价带来挑战。特别地，与其他类别的产品不同，对于最优定价高于价格锚点的产品而言，在线零售商应在正式销售前采用广告宣传等手段，提高消费者对该类产品的价格锚点，降低消费者对产品价格的敏感性，从而放宽价格区间，以获得更大的利润，提高产品的竞争地位。此外，在线零售商应根据自身产品的相对竞争地位和产品类别，预测潜在消费群体特征，从而采取不同的定价和营销策略，以适应当前竞争激烈的市场。

本研究从锚定效应的角度拓展了在线产品定价理论，提出了一种更灵活、更现代化的在线零售商定价机制。本研究可以提醒在线零售商在产品定价过程中重视消费者的锚定心理和有限理性行为。研究成果将为在线零售商的产品最优定价提供理论基础和决策依据，有助于在线零售商根据顾客阶段特征动态定价、优化产品发展战略和推动品牌转型升级。

本章在研究过程中，未考虑锚定值的形成机制，并设定顾客群体具有同质偏好，这与现实存在一定的偏差。下一步将从顾客异质下的锚定行为、锚点形成机制和异质产品定价策略等方面展开深入研究，进一步丰富和拓展在线产品定价策略体系。

第4章

考虑支付痛苦钝化的在线产品预售定价策略

为实现利润最大化，平台模式已然是当前主流的商业模式。与传统模式不同，在线零售商可以通过不同的支付方式和营销模式影响消费者行为。产品价格是影响消费者行为的重要因素，其内在机制使消费者在消费过程中产生了支付痛苦。然而，在两阶段混合预售模式中，尾款的延迟支付很容易诱发消费者产生支付痛苦钝化，从而提高消费者的感知效用。在折扣预售和支付痛苦钝化的双重刺激下，消费者更倾向于选择在支付订金期支付少量订金来预订产品。同时，随着支付尾款期的临近，消费者对产品的估值更加确定，这最终刺激消费者完成购买行为。在两阶段混合预售模式下，由尾款的延迟支付带来的支付痛苦钝化对消费者行为和产品定价具有重要影响。因此，本章旨在探究支付痛苦钝化对消费者行为和产品定价的影响，建立相应的产品定价模型，分析订金比例和支付痛苦钝化程度对最优定价、销量和利润的影响，为平台企业的产品定价和商业模式选择提供理论基础和决策依据。

第一部分基于效用理论，首先建立了一个不考虑支付痛苦钝化的基准模型 BM 模型，得到了模型的最优预售价格、销量和利润。然后，通过将支付痛苦钝化效应引入效用函数，本部分又建立了一个考虑支付痛苦钝化的定价模型，即 CM 模型，并得到了模型的最优预售价格、销量和利润。在两阶段混合预售模式下，在预售期选择购买产品的消费者会受到支付痛苦钝化的影响，从而影响他们对产品的感知效用。

第二部分分析了支付痛苦钝化对最优解的影响。研究结果表明，支付痛苦钝化程度越大，最优定价、销量和利润越大。然后，通过分析订金比例与最优解之间的关系发现，对定价较高的产品应设置一个较小的订金比例。

第三部分对模型中的重要参数进行了数值仿真分析，并得出对应的管理启示。首先，折扣预售并不总是为在线零售商带来更大的利润。特别地，当支付痛苦钝化程度越大时，溢价预售反而更优。其次，分别在 BM 模型和 CM 模型下分析了引起感知效用降低的因素参数 λ 与最大利润之间的关系，数值分析结果表明：随着参数 λ 的减小，BM 模型下的最大利润先增加后减小；然而 CM 模型下的最大利润呈持续稳定增加趋势。为找出产生这种差异的原因，本部分又在不同支付痛苦钝化程度下分析参数 λ 与最大利润之间的关系，研究发现：两种模型下利润函数随参数 λ 的变化趋势存在差异的原因在于，支付痛苦钝化能有效缓解预售期不确定因素带来的感知效用下降，且参数 λ 越大，这种缓解程度越大。最后，本部分分析了成本折扣系数和策略型消费者比例对最优解的影响。

第四部分建立了一个考虑预售期供货量有限情况下的产品定价模型，并与上述模型进行比较分析。研究结果表明：预售期的最大供货量是影响最优销量和利润的又一重要因素。

结论部分对主要的模型分析和数值仿真结果进行总结分析，并给出相关管理启示。一方面，在线零售商应充分重视支付模式和预售策略对消费者感知的影响，合理运用消费者的行为特征进行产品定价。另一方面，在线零售商要正确认识产品特性，精确预测潜在消费者属性，从而制定差异化定价策略。

4.1　问题描述与模型建立

4.1.1　问题描述与符号说明

假设市场中存在一个垄断型在线零售商 F，其销售某产品，经过一段时间的销售，“线上购物节”来临。为实现利润最大化，在线零售商 F 采用两阶段混合预售模式。在该模式下，产品销售期被分为支付订金期、支付尾款期和现售期三个阶段。其中，前两个阶段构成了产品的预售期。整个销售周期时长为 T，当 $t=0$ 时，在线零售商 F 宣布预售价格 p、订金 αp 和原价 p_o。同时，在线零售商 F 告知消费者预售规则，即商家采用订金增值和价格承诺预售策略。在该预售规则下，支付订金的消费者能够获得一定比例的价格折扣。产品的原价 p_o 和订金比例 α 由外部市场决定，属于外生变量；在线零售商的决策变量为预售价格 p。受支付痛苦钝化影响，支付订金的消费者将感知产品剩余尾款延期支付带来的支付痛苦钝化，从而间接刺激消费。相关销售事件顺序如图 4-1 所示。

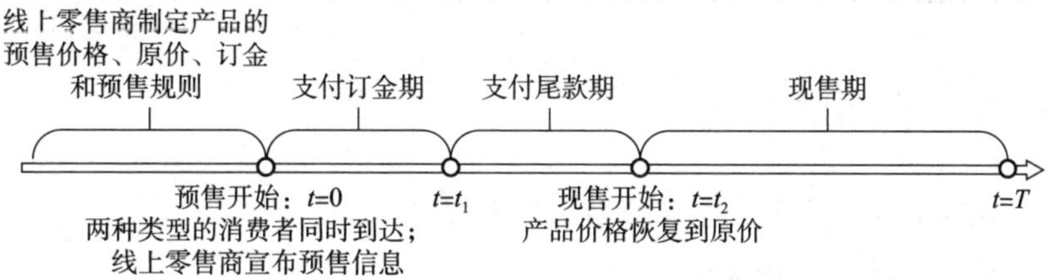

图 4-1　两阶段混合预售模式下在线零售商销售事件顺序

市场中存在两种类型的消费者，即短视型消费者和策略型消费者。预售期开始后，两种类型的消费者同时到达市场。短视型消费者只会选择在预售期购买，策略型消费者会选择在购买效用最大化的时期进行购买。

选择在预售期购买的消费者需在支付订金期预付订金(αp)，从而获得产品折扣。之后，他们必须在支付尾款期支付产品剩余的尾款才可完成产品购买，否则订单取消，订金不予退回。现售与预售不同，在现售期，消费者需一次性支付产品的全部款项，即原价 p_o。在预售期完成支付的订单，均按照支付的先后顺序在现售期统一发货。相关参数与符号定义如表 4-1 所示。

表 4-1 模型相关参数汇总表

参数	含义
v	消费者的估值，服从$[0, \bar{v}]$的均匀分布
N	市场中总的潜在消费者数量，其中策略型消费者所占比例为 ω($\omega \in [0, 1]$)，短视型消费者所占比例为($1-\omega$)
U_i^j	消费者购买单位产品的总效用，$i \in \{1, 2\}$，其中 1 表示短视型消费者，2 表示策略型消费者；$j \in \{s, o\}$，其中 s 表示预售期，o 表示现售期
α	订金比例，$\alpha \in [0, 0.2]$
p_o	单位产品的原价，由外部市场决定
c	现售期销售单位产品的总成本
β	预售期成本折扣，$\beta \in (0, 1)$
δ	支付痛苦钝化系数
λ	消费者感知效用降低的因素参数，$\lambda \in (0, 1)$

4.1.2 相关假设

在建立模型之前，本部分做出如下假设：

S_1：消费者有限理性；

S_2：每个消费者在整个销售期至多购买一件产品；

S_3：在线零售商的产品供货量充足，不存在缺货问题；

S_4：所有消费者均在预售期通过线上渠道检索产品信息并做出购买决策。

4.1.3　两阶段混合预售模式的 BM 模型

为便于比较，本部分首先基于效用理论，不考虑支付痛苦钝化，建立基准定价模型。此时，消费者在预售期购买单位产品获得的总效用为：

$$U_s^1 = U_s^2 = \lambda(v-p)$$

其中，U_s^1、U_s^2 分别为短视型消费者和策略型消费者在预售期购买单位产品获得的总效用；λ 为消费者感知效用降低的因素参数，它是由预售期产品质量不确定性因素、提前支付的风险性以及发货滞后性导致的。

若 $U_s^1 \geqslant 0$，则短视型消费者选择在预售期购买产品；否则他们会直接退出市场。因此，在预售期购买产品的短视型消费者的数量为：

$$Q_1 = \frac{N}{\bar{v}}(1-\omega)(\bar{v}-p) \tag{4-1}$$

在现售期，消费者购买单位产品需支付 p_o，且 $p_o>p$。因此，消费者在现售期购买单位产品获得的总效用为：

$$U_o^2 = v-p_o$$

若 $U_s^2 \geqslant 0$ 且 $U_s^2 \geqslant U_o^2$，策略型消费者选择在预售期购买产品；否则他们会选择等待。满足条件的估值临界值分别为 $v_1 = p$，$v_2 = (p_o - \lambda p)/(1-\lambda)$。又由 $\lambda \in (0, 1)$ 且 $p_o>p$，故有 $v_2>v_1$。因此，在预售期购买单位产品的策略型消费者的数量为：

$$\begin{aligned} Q_2 &= \frac{\omega N}{\bar{v}}(v_2-v_1) \\ &= \frac{\omega N}{(1-\lambda)\bar{v}}(p_o-p) \end{aligned} \tag{4-2}$$

决定等待的策略型消费者仅在 $U_o^2 \geqslant 0$ 时才选择在现售期购买产品，否则他们会直接退出市场。满足条件的估值临界值为 $v_3 = p_o$。显然 $v_1<$

$v_3<v_2$，故在现售期购买单位产品的策略型消费者的数量为：

$$\begin{aligned}Q_3&=\frac{\omega N}{\bar{v}}(\bar{v}-v_2)\\&=\frac{\omega N}{\bar{v}}\left(\bar{v}-\frac{p_o-\lambda p}{1-\lambda}\right)\end{aligned} \tag{4-3}$$

在线零售商的利润函数可以表示为：

$$\begin{cases}\max & \pi=(Q_1+Q_2)(p-\beta c)+Q_3(p_o-c)\\ \text{s. t.} & p<p_o\end{cases} \tag{4-4}$$

利润函数 π 对 p 分别求一阶导数和二阶导数可得：

$$\frac{\mathrm{d}\pi}{\mathrm{d}p}=-\frac{N(p-\beta c)}{\bar{v}}\left(1+\frac{\omega\lambda}{1-\lambda}\right)+\frac{\lambda\omega N}{(1-\lambda)\bar{v}}(p_o-c)+Q_1+Q_2 \tag{4-5}$$

$$\frac{\mathrm{d}^2\pi}{\mathrm{d}p^2}=-\frac{2N}{\bar{v}}\left(1+\frac{\omega\lambda}{1-\lambda}\right)<0 \tag{4-6}$$

因此，利润函数 π 是关于 p 的严格凹函数，有且仅有唯一极大值点。

故最优预售价格为：

$$p^*=\frac{\omega p_o+\bar{v}(1-\omega)(1-\lambda)+\lambda\omega(p_o-c)}{2(1-\lambda+\omega\lambda)}+\frac{\beta c}{2} \tag{4-7}$$

4.1.4 两阶段混合预售的钝化(CM)模型

两阶段混合预售模式使消费者的购买与消费相分离，给消费者在预售期购买产品的效用带来不确定性。消费与付款的时间间隔严重影响消费成本与利润的关联，进而弱化消费者在获得产品时支付带来的心理痛苦，即产生支付痛苦钝化。在两阶段混合预售模式下，先付订金后付尾款的两阶段支付模式使得消费者容易产生支付痛苦钝化。此时，消费者在预售期购买单位产品所获得的总效用为：

$$U_s^1=U_s^2=\lambda[v-p+\delta(1-\alpha)p]$$

其中，$\delta \in [0, 1]$；δ 越大，支付尾款给消费者带来的痛苦越小。

消费者在现售期购买单位产品所获得的总效用为：

$$U_o^2 = v - p_o$$

当 $U_s^1 \geqslant 0$ 时，短视型消费者选择在预售期购买产品，其数量为：

$$Q_1 = (1-\omega) N \frac{\bar{v} - p[1-\delta(1-\alpha)]}{\bar{v}} \tag{4-8}$$

当 $U_s^2 \geqslant 0$ 且 $U_s^2 \geqslant U_o^2$ 时，策略型消费者选择在预售期购买产品，否则他们将决定等待。满足条件的估值临界值为：

$$v_1 = p[1-\delta(1-\alpha)] \tag{4-9}$$

$$v_2 = \frac{1}{1-\lambda}\{p_o - \lambda p[1-\delta(1-\alpha)]\} \tag{4-10}$$

其中：

$$v_2 - v_1 = \frac{1}{1-\lambda}\{p_o - p[1-\delta(1-\alpha)]\} \tag{4-11}$$

即 $v_2 > v_1$。因此，选择在预售期购买产品的策略型消费者的数量为：

$$\begin{aligned} Q_2 &= \frac{\omega N}{\bar{v}}(v_2 - v_1) \\ &= \frac{\omega N}{(1-\lambda)\bar{v}}\{p_o - p[1-\delta(1-\alpha)]\} \end{aligned} \tag{4-12}$$

同理，选择等待的策略型消费者仅在 $U_o^2 \geqslant 0$ 时选择购买产品，即 $v \geqslant p_o$。令其临界值为 v_3，则存在：

$$v_3 - v_2 = \frac{-\lambda}{1-\lambda}\{p_o - p[1-\delta(1-\alpha)]\} < 0 \tag{4-13}$$

显然，$v_1 < v_3 < v_2$。选择在现售期购买产品的策略型消费者的数量为：

$$\begin{aligned} Q_3 &= \omega N\left(\frac{\bar{v} - v_2}{\bar{v}}\right) \\ &= \frac{\omega N}{(1-\lambda)\bar{v}}\{\bar{v} - \lambda\bar{v} - p_o + \lambda p[1-\delta(1-\alpha)]\} \end{aligned} \tag{4-14}$$

在线零售商的利润函数可以表示为：

$$\begin{cases}\max \quad \pi=(Q_1+Q_2)(p-\beta c)+Q_3(p_o-c) \\ \text{s. t.} \quad p<p_o\end{cases} \tag{4-15}$$

利润函数 π 对 p 的一阶导数和二阶导数分别为：

$$\frac{\mathrm{d}\pi}{\mathrm{d}p}=[1-\delta(1-\alpha)]\frac{N(\lambda-1-\omega\lambda)}{\bar{v}(1-\lambda)}(p-\beta c)$$

$$+\frac{\omega N\lambda}{(1-\lambda)\bar{v}}[1-\delta(1-\alpha)](p_o-c)+Q_1+Q_2 \tag{4-16}$$

$$\frac{\mathrm{d}^2\pi}{\mathrm{d}p^2}=\frac{2N(\lambda-1-\omega\lambda)}{\bar{v}(1-\lambda)}[1-\delta(1-\alpha)]<0 \tag{4-17}$$

因此，利润函数 π 是关于 p 的严格凹函数。最优预售价格为：

$$p^*=\frac{\bar{v}(1-\omega)(1-\lambda)+\omega p_o+\omega\lambda\Delta(p_o-c)}{2(1-\lambda+\lambda\omega)\Delta}+\frac{\beta c}{2} \tag{4-18}$$

其中：

$$\Delta=1-\delta(1-\alpha)$$

4.2 产品定价策略理论分析

4.2.1 支付痛苦钝化对最优定价的影响

命题 4-1：支付痛苦钝化能够提高消费者对产品的感知效用，有助于在线零售商对产品进行提价。

证明：式(4-18)对 δ 求导可得：

$$\frac{\mathrm{d}p}{\mathrm{d}\delta}=\frac{[\bar{v}(1-\omega)(1-\lambda)+\omega p_o](1-\alpha)}{2\times[1-\delta(1-\alpha)]^2(1-\lambda+\omega\lambda)}>0 \tag{4-19}$$

因此，支付痛苦钝化系数越大，支付痛苦钝化程度越强，产品的最优定价越高。原命题得证。

命题 4-1 可以说明，在市场营销过程中，若产品的目标顾客是一群消费水平偏低且消费欲望较强的消费者，则分期付款的营销模式能够使消费者在不知不觉中自愿为获得产品而支付更多。也就是说，支持分期付款或延迟付款的产品实际上可能定价更高。这是由于，消费水平偏低且消费欲望较强的消费者因提前预订或享受某产品或增值服务而产生的满足感高于额外支付的价格带来的痛苦感。

命题 4-2：当消费者受支付痛苦钝化影响时，若零售商选择两阶段混合预售模式，则能够有效刺激短视型消费者和策略型消费者购买产品，进而有助于增加产品总销量，从而获取更大的市场份额。

证明：式(4-8)、式(4-12)、式(4-14)分别对 δ 求导得：

$$\frac{\mathrm{d}Q_1}{\mathrm{d}\delta}=\frac{(\omega-1)N}{\bar{v}}\left\{\frac{\mathrm{d}p}{\mathrm{d}\delta}[1-\delta(1-\alpha)]-p(1-\alpha)\right\}$$

$$\frac{\mathrm{d}Q_2}{\mathrm{d}\delta}=\frac{-\omega N}{(1-\lambda)\bar{v}}\left\{\frac{\mathrm{d}p}{\mathrm{d}\delta}[1-\delta(1-\alpha)]-p(1-\alpha)\right\}$$

$$\frac{\mathrm{d}Q_3}{\mathrm{d}\delta}=\frac{\lambda\omega N}{(1-\lambda)\bar{v}}\left\{\frac{\mathrm{d}p}{\mathrm{d}\delta}[1-\delta(1-\alpha)]-p(1-\alpha)\right\} \tag{4-20}$$

由式(4-18)和式(4-19)可知，若产品的现售期价格 p_o 总是高于产品的单位成本 c，则存在：

$$\frac{\mathrm{d}p}{\mathrm{d}\delta}[1-\delta(1-\alpha)]-p(1-\alpha)<0$$

此时，$\frac{\mathrm{d}Q_1}{\mathrm{d}\delta}>0$，$\frac{\mathrm{d}Q_2}{\mathrm{d}\delta}>0$，$\frac{\mathrm{d}Q_3}{\mathrm{d}\delta}<0$。

因此，选择在预售期购买产品的短视型消费者和策略型消费者的数量随支付痛苦钝化程度的增大而增大；选择在现售期购买产品的策略型消费者的数量随支付痛苦钝化程度的增大而减小。

因为：

$$\sum_{i=2}^{3}\frac{\mathrm{d}Q_i}{\mathrm{d}\delta}>0,\ \sum_{i=1}^{3}\frac{\mathrm{d}Q_i}{\mathrm{d}\delta}>0,$$

因此，策略型消费者购买产品的总量随支付痛苦钝化程度的增大而增大，产品的总销量随支付痛苦钝化程度的增大而增大。

根据上述分析，本部分还发现：支付痛苦钝化程度越大，消费者选择在预售期购买产品的总量越大，而选择在现售期购买产品的总量越小。

命题 4-2 说明，两阶段混合预售策略有助于提高产品总销量。这是由于，在预售期消费者受“订金+尾款”两阶段支付模式的影响而缓解了尾款支付带来的痛苦，进而增加了购买意愿。尽管预售期不确定性因素降低了消费者的感知效用，但其完全被支付痛苦钝化中和。

命题 4-3：在线零售商的利润 π 随支付痛苦钝化程度 δ 的增大而增大。

证明：由式(4-8)、式(4-12)、式(4-14)和式(4-18)可知，在线零售商在整个销售期能够获得利润 π，且

$$\pi=(Q_1+Q_2)(p-\beta c)+Q_3(p_o-c)$$

故：

$$\begin{aligned}\frac{\mathrm{d}\pi}{\mathrm{d}\delta}=&\frac{N(1-\omega)(1-\lambda)(\bar{v}-p\Delta)+\omega\lambda(p_o-p\Delta)}{2\times(1-\lambda)\bar{v}\Delta^2(1-\lambda+\omega\lambda)}\\&\times(1-\alpha)[\bar{v}(1-\omega)(1-\lambda)+\omega p_o]-\frac{A_1N}{2(1-\lambda)\bar{v}\Delta}\\&\times[\bar{v}(1-\omega)(1-\lambda)+\omega p_o-(p_o-c)\omega\lambda\Delta\\&-\beta c\Delta(1-\lambda+\omega\lambda)]\end{aligned}\qquad(4-21)$$

其中：

$$A_1=\frac{-(1-\alpha)[\beta c(1-\lambda+\omega\lambda)+\omega\lambda(p_o-c)]}{2(1-\lambda+\omega\lambda)}$$

$$\Delta=1-\delta(1-\alpha)$$

显然，$\frac{\mathrm{d}\pi}{\mathrm{d}\delta}>0$，原命题得证。

由命题 4-1、命题 4-2 和命题 4-3 可知，当消费者受支付痛苦钝化影响时，两阶段预售模式不仅有利于产品提价，还能够为在线零售商带来更大的销量和更高的利润。

4.2.2　订金比例对最优定价的影响

命题 4-4：在预售期提前支付订金的预售模式会降低消费者对产品的感知效用，并对产品定价产生影响，订金比例越大，产品的最优定价越低。

证明：式(4-18)对 α 求导得：

$$\frac{\mathrm{d}p}{\mathrm{d}\alpha}=\frac{-\delta[\bar{v}(1-\omega)(1-\lambda)+\omega p_o]}{2\times[1-\delta(1-\alpha)]^2(1-\lambda+\omega\lambda)}<0 \tag{4-22}$$

由式(4-22)可知，产品的最优定价随订金比例的增大而减小。这是由于，产品的定价越高，在相同的订金比例下消费者需要提前支付的订金越多。相应地，提前支付订金的消费者将感受到更多产品估值不确定性带来的风险，该风险降低了消费者的购买意愿。需要注意的是，消费者因提前支付订金而感知的风险的大小取决于提前支付订金的多少，而不是其占产品总价的比例。为了刺激消费者购买产品，对于定价(预售价)较高的产品，在线零售商应该设定一个较小的订金比例，从而减小产品估值不确定性带来的利润损失。

命题 4-5：消费者提前支付的订金比例越高，其对产品销售产生的不利影响越大。

证明：式(4-8)、式(4-12)和式(4-14)分别对 α 求导得：

$$\frac{\mathrm{d}Q_1}{\mathrm{d}\alpha}=\frac{(\omega-1)N}{\bar{v}}\left\{\frac{\mathrm{d}p}{\mathrm{d}\alpha}[1-\delta(1-\alpha)]+p\delta\right\}$$

$$\frac{dQ_2}{d\alpha}=\frac{-\omega N}{(1-\lambda)\bar{v}}\left\{\frac{dp}{d\alpha}[1-\delta(1-\alpha)]+p\delta\right\}$$

$$\frac{dQ_3}{d\alpha}=\frac{\lambda\omega N}{(1-\lambda)\bar{v}}\left\{\frac{dp}{d\alpha}[1-\delta(1-\alpha)]+p\delta\right\} \tag{4-23}$$

由式(4-18)和式(4-22)可知，当产品的现售期价格 p_o 总是高于产品的单位成本 c 时，则存在：

$$\frac{dp}{d\alpha}[1-\delta(1-\alpha)]+p\delta>0 \tag{4-24}$$

故有$\frac{dQ_1}{d\alpha}<0$，$\frac{dQ_2}{d\alpha}<0$，$\frac{dQ_3}{d\alpha}>0$。因此，选择在预售期购买产品的短视型消费者和策略型消费者的数量随订金比例的增大而减小；选择在现售期购买产品的策略型消费者的数量随订金比例的增大而增大。

因为 $\sum_{i=1}^{3}\frac{dQ_i}{d\delta}<0$，所以产品的总销量随订金比例的增大而减小。可以看出，订金比例越小，消费者需要承担的因错过预售活动而造成的损失和缺货风险就越小。相应地，预售将为消费者带来更多的心理安全感和满足感。

综上所述，想要提高产品售价、扩大市场占有率或提高利润的平台企业和在线零售商，可以通过分期付款、延期付款或采用两阶段混合预售等方法实现目标。然而，这些方法存在一定的风险，平台企业和在线零售商应准确了解自身的经营和资金状况，在不影响正常运转(尤其是资金流)的前提下，合理选取相应的营销模式和支付策略。资金流较紧张或对市场现状不太了解的平台企业和在线零售商的首要任务是稳定经营，在积累一定资金和市场资源后，再考虑提高产品价格、扩大市场份额和提高利润。此外，在制定预售策略时，平台企业和在线零售商应考虑产品特性，相比低价格的产品，高价格的产品的订金比例应该设置在一个较小的范围内。

4.3 数值分析

在两阶段混合预售模式下，在预售期提前支付的订金(αp)、支付痛苦钝化程度(δ)、预售期成本折扣(β)和不确定性因素带来的感知效用降低的因素参数(λ)等将对最优解产生影响，本部分具体分析相关参数与产品定价、销量和利润之间的关系，为在线零售商优化预售模式和定价策略提供决策参考，提高产品利润。

4.3.1 支付痛苦钝化与定价策略之间的关系

由 CM 模型可知，若将约束条件放宽，即由 $p<p_o$ 放宽至 $p<\frac{p_o}{1-\delta(1-\alpha)}$，则原模型依然适用。此时，在线零售商的最大利润可以表示为：

$$\begin{cases}\max \quad \pi=(Q_1+Q_2)(p-\beta c)+Q_3(p_o-c)\\ \text{s. t.} \quad p<\dfrac{p_o}{1-\delta(1-\alpha)}\end{cases}$$

为分析支付痛苦钝化对定价策略的影响，令

$$c=10,\ \beta=0.85,\ \omega=0.9,\ \lambda=0.8,\ p_o=50$$

$$\bar{v}=100,\ N=1\ 000,\ \alpha=0.15,\ \delta\in[0,\ 1]$$

支付痛苦钝化对最优预售价格的影响如图 4-2 所示。

由图 4-2 可知，当 $\delta>s$ 时，最优预售价格高于现货价格。此时，为了获取更大的利润，商家应该改变预售策略。也就是说，当支付痛苦钝化程度较高时，在线零售商应该及时地将产品的预售策略改为溢价预售，从而获得更大的利润。这是因为支付痛苦钝化极大地提高了消费者对产品的感知效用，从而使得更多消费者选择在预售期购买产品。

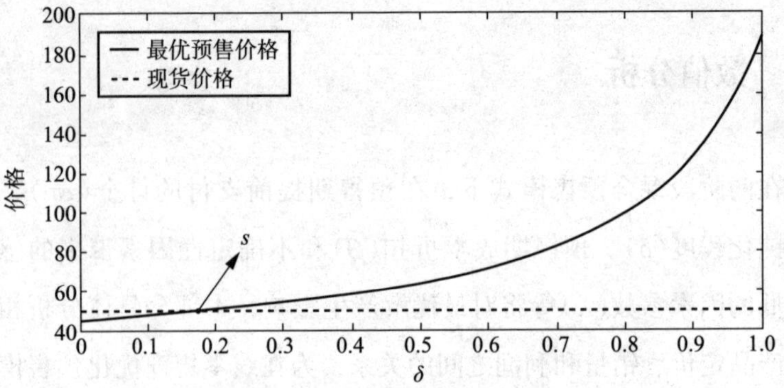

图 4-2　支付痛苦钝化对最优预售价格的影响

4.3.2　感知效用降低的因素参数 λ 与最优解的关系

为分析预售期感知效用降低的因素参数 λ 对产品定价、销量和利润的影响，现进行如下数值仿真分析，其模型参数设置如下：

$$c=20,\ \beta=0.8,\ \omega=0.8,\ p_o=50,\ \bar{v}=100$$

$$N=10\ 000,\ \delta=0.2,\ \alpha=0.15$$

在两种不同的模型中，感知效用降低的因素参数与产品定价、销量和利润的关系如图 4-3 和图 4-4 所示。

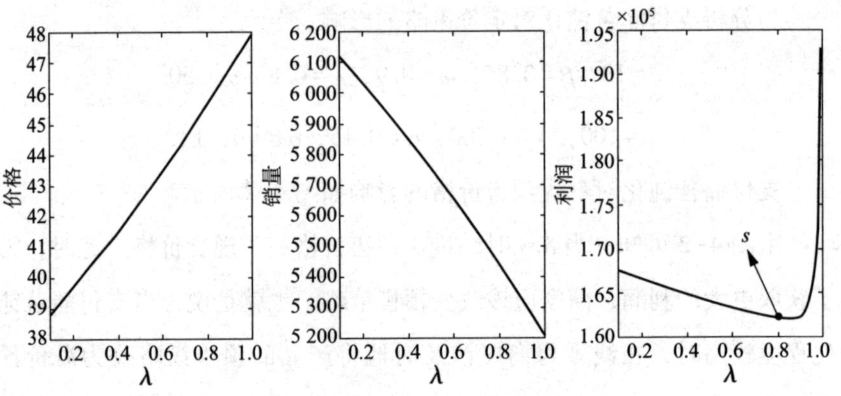

图 4-3　BM 模型下的 λ—最优解关系

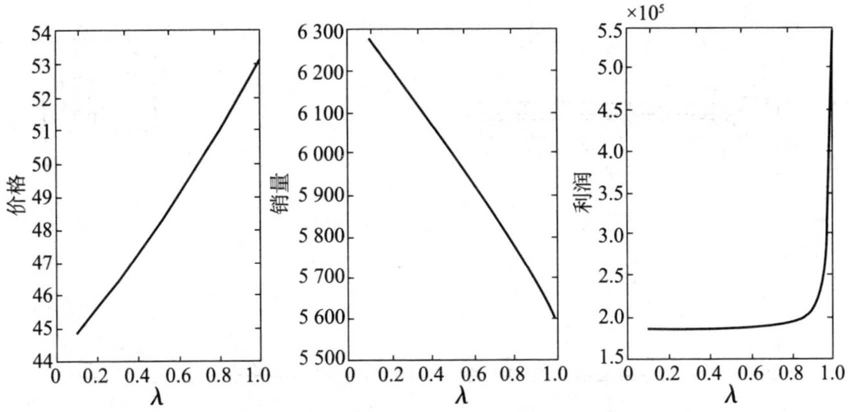

图 4-4　CM 模型下的 λ—最优解关系

从图 4-3 和图 4-4 可以看出，预售期不确定性引起的感知效用下降的因素参数 λ 对提高产品定价产生抑制作用，且 λ 越小，产品的最优预售价格越低。相应地，预售价格降低将导致产品销量增大。然而，对比图 4-3 和图 4-4 可以发现，当在线零售商采用全预售策略或消费者不受支付痛苦钝化影响时，存在拐点 S，当 $\lambda>S$ 时，利润随 λ 的增大而增大，反之则相反。然而，当在线零售商采用两阶段混合预售模式且消费者受支付痛苦钝化影响时，利润总是随 λ 的增大而增大。

显然，在 BM 模型和 CM 模型下利润函数随 λ 的变化趋势有所差异，为分析导致差异的影响因素，现进行如下数值仿真实验，令：

$$c=20,\ \beta=0.8,\ \omega=0.8,\ p_o=50,\ \bar{v}=100$$

$$N=10\,000,\ \alpha=0.15,\ \delta=\{0.1,\ 0.4,\ 0.7,\ 0.9\}$$

在不同 δ 下，利润函数随 λ 的变化如图 4-5 所示。

由图 4-5 可知，两种模型下利润函数随 λ 的变化趋势存在一定差异，这是因为支付痛苦钝化可以有效缓解预售期内不确定因素带来的感知效用下降，且影响预售期内感知效用降低的因素参数 λ 越大，这种缓解程度越大，从而在一定程度上提高了利润。

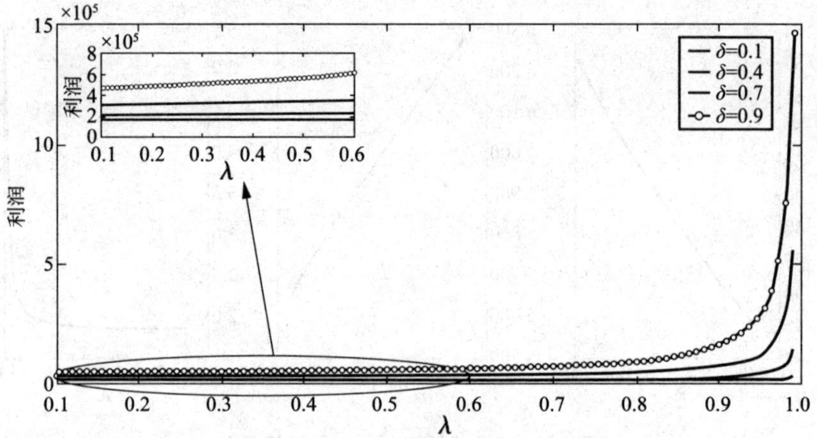

图 4-5　不同 δ 下利润函数随 λ 的变化

4.3.3　预售期成本折扣 β 与最优解的关系

为分析预售期成本折扣与产品定价、销量和利润之间的关系，现将模型参数设置如下：

$$c=20，\omega=0.8，\lambda=0.8，p_o=60，\bar{v}=150$$

$$N=10\ 000，\alpha=0.2，\delta=0.3，\beta\in[0.7，0.95]$$

数值仿真结果如图 4-6 所示。

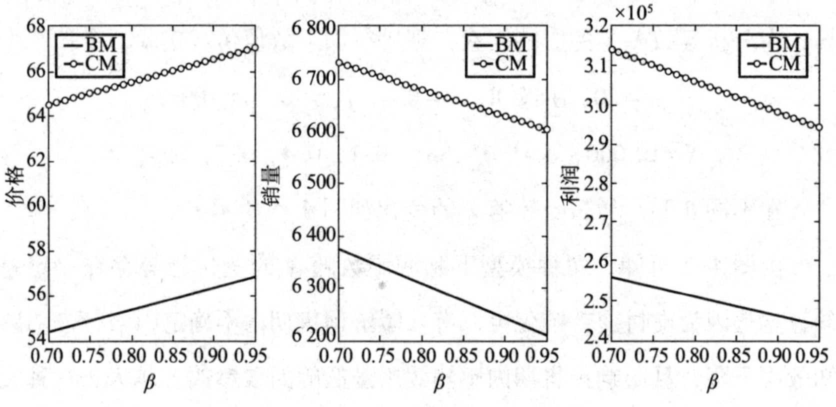

图 4-6　BM 和 CM 模型下的 β—最优解关系

由图 4-6 可知，预售期成本折扣β越大，成本折扣程度越小，产品的最优预售价格随预售期成本折扣程度的增大而减小，且在两种模型下的变化率完全相同。相应地，产品的总销量随预售期成本折扣程度的增大而增大，且 CM 模型下的变化率小于 BM 模型下的变化率。在价格和销量的双向影响下，利润函数和β之间的关系呈现单调递增趋势，但 BM 模型下的变化率始终小于 CM 模型下的变化率。此外，CM 模型下的产品定价、销量和利润总是高于 BM 模型下的产品定价、销量和利润。

图 4-6 表明，当消费者受支付痛苦钝化影响时，预售期成本折扣变动对产品销量的影响程度更小，但对利润的影响程度更大。这是由于支付痛苦钝化不仅能够在降低支付痛苦的同时使得消费者不知不觉地为获得产品而支付更多，还能够增强消费者的购买意愿，从而降低需求对价格变动的敏感程度，即需求价格弹性。

4.3.4　策略型消费者的比例ω与最优解的关系

为分析策略型消费者的比例ω与产品定价、销量和利润之间的关系，现将模型的仿真参数设置如下：

$$c=20,\ \beta=0.7,\ \lambda=0.8,\ p_o=60,\ \bar{v}=150$$

$$N=10\ 000,\ \alpha=0.2,\ \delta=0.3,\ \omega\in[0.1,\ 0.95]$$

在不同模式下，产品的最优定价、销量和利润随ω的变化趋势如图 4-7 所示。

由图 4-7 可知，相比 BM 模型，CM 模型下的产品定价、销量和利润更高。此外，策略型消费者的比例ω越大，两种模型下的产品定价和利润越低，但销量越高。也就是说，策略型消费者的比例ω对产品定价和利润产生负面影响，对产品销量产生正面影响。显然，如何缓解顾客选择中存在的策略行为已成为提高商家利润的重要因素，而支付痛苦钝

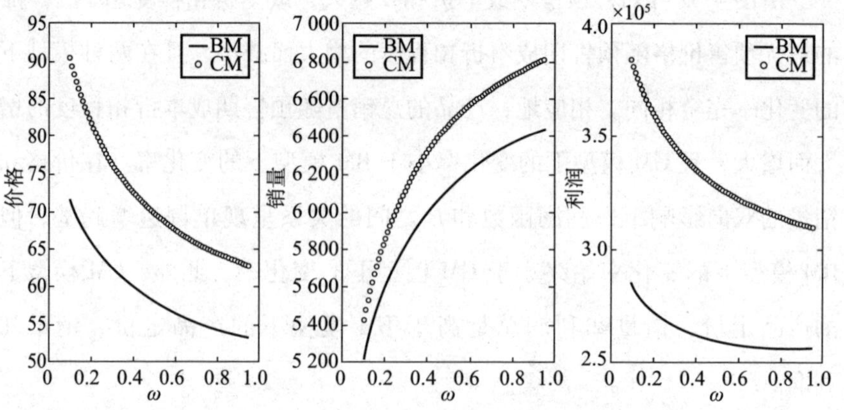

图 4-7 BM 和 CM 模型下 ω—最优解关系

化恰能实现这一目标。在全民提前消费的时代，商家确实能够获得更高的利润。但对消费者而言，合理的提前消费能够使他们提前享受产品和增值服务，但超额的提前消费只会增大他们的生活负担。因此，商家应该在宣传提前消费的同时，普及其优势和不足，以促进提前消费秩序的和谐与稳定。

此外，由图 4-7 还可以看出，不同 ω 下，两种模型下的定价、销量和利润差额是不同的。也就是说，策略型消费者比例的大小影响支付痛苦钝化对产品定价、销量和利润的促进或抑制效果。在此基础上，进一步分析两种模型下的定价、销量和利润差额，并进行如下数值仿真分析。

从图 4-8 可以看出，策略型消费者的比例 ω 越大，两种模型下的产品定价和利润差额越小，但销量差额越大。这表明，市场中存在的策略型消费者越多，商家因不考虑支付痛苦钝化而产生的销量损失越大，但价格和利润损失越小。这是由于市场中存在的策略型消费者越多，支付痛苦钝化对产品定价、销量和利润的双向刺激程度就越大。也就是说，随着策略型消费者数量的增多，支付痛苦钝化对产品定价、销量和利润产生的影响增大。

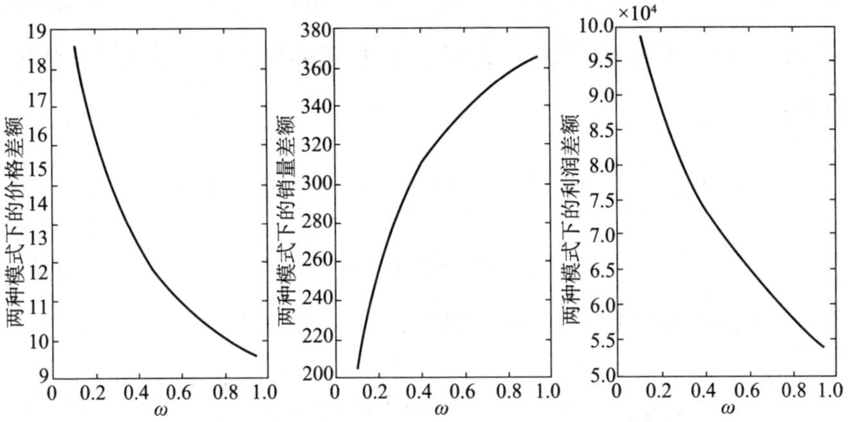

图 4-8　BM 和 CM 模型下的产品定价、销量和利润差额

综上，对于平台企业和卖家而言，他们可以利用消费者的支付痛苦钝化心理进行产品营销和定价策略优化，从而提高利润。一方面，可以采用货到付款、先用后付、分期付款和花呗/信用卡支付等；另一方面，还可以采用两阶段预售活动。在采用预售策略的同时，平台企业和商家应降低预售期消费者对产品质量、性能等方面感知的不确定性，如开设线下体验店等，从而降低其对利润的负面影响。然而，消费者作为消费主体，其消费能力具有局限性，平台企业和卖家不应过度宣传和刺激消费者提前消费，从而维持整个消费链的稳定。

4.4　模型拓展

4.4.1　预售期产品供货量有限的情形

上述分析假定在线零售商的供货量充足，不存在缺货现象，但在实际的预售活动中，由预售限量、消费者集中购买等因素导致的缺货现象时有发生。在预售期后期参与市场的消费者或许会由于缺货而不得不放弃购买，此时两种类型的消费者均选择离开市场而不再等待。假设预售期的最大供货量为 H。当 $Q_1+Q_2>H$ 时，存在部分消费者因缺货而离开，其中：

$$Q_1+Q_2=\frac{N}{\bar{v}(1-\lambda)}\{(1-\omega)(1-\lambda)\bar{v}+\omega p_o+p\Delta[-1+\lambda-\omega\lambda]\}$$

$$\Delta=1-\delta(1-\alpha) \tag{4-25}$$

若 $Q_1+Q_2>H$，则存在 $p<L$，其中：

$$L=\frac{1}{\Delta(-1+\lambda-\omega\lambda)}\{-[(1-\omega)(1-\lambda)\bar{v}+\omega p_o]+\frac{H(1-\lambda)\bar{v}}{N}\} \tag{4-26}$$

此外，由 4.3.1 支付痛苦钝化与定价策略之间的关系可知，当 $p<\frac{p_o}{1-\delta(1-\alpha)}$ 时，原模型依旧适用，且约束条件被放宽。因此，当考虑预售期存在缺货现象时，在线零售商的利润函数表示为：

$$\max\pi=H(p-\beta c)+Q_3(p_o-c)$$

$$\text{s. t.}\begin{cases}p<\dfrac{p_o}{1-\delta(1-\alpha)}\\ p<L\end{cases} \tag{4-27}$$

利润函数 1 对 p 求导可得：

$$\frac{d\pi}{dp}=H+\Delta\frac{\omega N\lambda(p_o-c)}{(1-\lambda)\bar{v}}>0 \tag{4-28}$$

此时，产品的最优预售价格为：

$$p^*=\min(L^-,\ M^-) \tag{4-29}$$

其中，$L^-<L$，且无限趋近于 L；$M^-<\frac{p_o}{1-\delta(1-\alpha)}$，且无限趋近于 $\frac{p_o}{1-\delta(1-\alpha)}$。

当 $Q_1+Q_2 \leqslant H$，即预售期不存在缺货现象时，最优解已通过上文研究得出，此处不再赘述。

因此，当预售期供货量有限时，产品的最优预售价格为：

$$p^*=\begin{cases}\min(L^-,\ M^-) & Q_1+Q_2>H\\ \dfrac{\bar{v}(1-\omega)(1-\lambda)+\omega p_o+\omega\lambda\Delta(p_o-c)}{2(1-\lambda+\lambda\omega)\Delta}+\dfrac{\beta c}{2} & Q_1+Q_2\leqslant H\end{cases}$$

4.4.2　两种情形下的最优解差异分析

对比 4.1.4 可知，当 $Q_1+Q_2 \leqslant H$ 时，预售期供货量有限和充足情形下的最优预售价格、销量和利润均相等。当 $Q_1+Q_2>H$ 时，两种情形下的最优预售价格、销量和利润存在差异，具体如表 4-2 所示，此时选择在预售期购买产品的策略型消费者和短视型消费者的总量大于最大供货量 H。

表 4-2　$p<L$ 时预售期供货量充足与有限情形下的最优解对比

	预售期供货量充足	预售期供货量有限
p	$p^*=\dfrac{\bar{v}(1-\omega)(1-\lambda)+\omega p_o+\omega\lambda\Delta(p_o-c)}{2(1-\lambda+\lambda\omega)\Delta}+\dfrac{\beta c}{2}$	$p^{**}=\min(L^-,\ M^-)$
Q	$Q_1^*=(1-\omega)N\dfrac{\bar{v}-p[1-\delta(1-\alpha)]}{\bar{v}}$	$Q_1^{**}\leqslant(1-\omega)N\dfrac{\bar{v}-p[1-\delta(1-\alpha)]}{\bar{v}}$，且 $Q_1^{**}+Q_2^{**}=H$
Q	$Q_2^*=\dfrac{\omega N}{(1-\lambda)\bar{v}}\{p_o-p[1-\delta(1-\alpha)]\}$	$Q_2^{**}\leqslant\dfrac{\omega N}{(1-\lambda)\bar{v}}\{p_o-p[1-\delta(1-\alpha)]\}$，且 $Q_1^{**}+Q_2^{**}=H$
Q	$Q_3^*=\dfrac{\omega N}{(1-\lambda)\bar{v}}\{\bar{v}-\overline{\lambda v}-p_o+\lambda p[1-\delta(1-\alpha)]\}$	$Q_3^{**}=\dfrac{\omega N}{(1-\lambda)\bar{v}}\{\bar{v}-\overline{\lambda v}-p_o+\lambda p[1-\delta(1-\alpha)]\}$
π	$\pi^*=(Q_1+Q_2)(p-\beta c)+Q_3(p_o-c)$	$\pi^{**}=H(p-\beta c)+Q_3(p_o-c)$

注：$\Delta=1-\delta(1-\alpha)$。

不妨令预售期供货量充足情形下的最优预售价格 p^* 为 D。由表 4-2

可知，预售期的最大供货量 H 是影响定价的重要因素。于是，L、M 和 D 之间存在以下四种关系：

当 $M<D<L$ 时，$p^*=D$，$p^{**}=M^-$，有 $p^*>p^{**}$；

当 $D<M<L$ 时，$p^*=D$，$p^{**}=M^-$，有 $p^*<p^{**}$；

当 $D=M<L$ 时，$p^*=D$，$p^{**}=M^-$，有 $p^*>p^{**}$；

当 $D<L<M$ 时，$p^*=D$，$p^{**}=L^-$，有 $p^*<p^{**}$。

故当 $p^*>p^{**}$ 时，有 $Q_1^*>Q_1^{**}$，$Q_2^*>Q_2^{**}$，$Q_3^*>Q_3^{**}$，$\pi^*>\pi^{**}$；

当 $p^*<p^{**}$ 时，有 $Q_1^*+Q_2^*>Q_1^{**}+Q_2^{**}$，$Q_3^*<Q_3^{**}$。

但 Q_1^* 与 Q_1^{**}、Q_2^* 与 Q_2^{**}、π^* 与 π^{**} 之间的大小关系无法确定，与最大供货量 H 有关。

由上述分析可知，预售期供货量是否充足会带来最优预售价格上的差异，将对在线零售商的利润产生一定的影响。特别地，当预售期供货量充足情形下的最优预售价格大于预售期供货量有限情形下的最优预售价格，且两者均小于 L 时，预售期供货量的限制将对在线零售商的销量和利润产生负面影响。因此，最大供货量是影响产品销量和利润的重要因素。

4.5 本章小结

一个合理的预售策略不仅能提高在线零售商的市场竞争力，还能为其赢得更大的利润，因此制定合理的预售策略是在线零售商的重要决策问题。本章基于消费者有限理性和效用理论，考虑平台经济中消费者支付痛苦钝化，从消费者行为角度出发，探究了两阶段混合预售模式下的产品定价问题。分别建立了 BM 模型和 CM 模型，并求得了两种模型下的最优预售价格、最优销量和最大利润，主要结论如下：

(1)平台经济背景下，两阶段混合预售模式不仅有利于提高产品价格，还能提高在线零售商的销量和利润。

(2)当卖家展开两阶段预售时，相比定价低的产品，定价高的产品应该将订金比例设置在一个较小的合理范围内。

(3)在两阶段混合预售模式下，产品并不总是适合折扣预售，针对产品特性和潜在顾客特征，当顾客群体支付痛苦钝化程度较高时，溢价预售能够为在线零售商带来更大的销量和利润。

(4)支付痛苦钝化能够降低需求价格弹性；预售期供货量的限制在一定程度上将对在线零售商的销量和利润产生负面影响。

本章的研究对平台在线零售商有两点启示：一是要充分重视支付模式和预售策略对消费者感知效用的影响，合理运用消费者的行为特征进行产品定价；二是要正确认识产品特性，精确预测潜在消费者属性，从而制定差异化定价策略。

此外，本章未考虑延期付款时间长度和异质性偏好对消费者行为的影响，这是下一步要继续研究的方向。

第5章

考虑负网络效应的产品线动态定价研究

5.1 问题描述

在当今竞争日益激烈的商业环境下，产品线的开发和设计已成为企业亟须解决的问题，只有解决好这一问题，才能更好地满足顾客群体的消费需求，获取更大的市场份额。在复杂多变的市场环境中，产品线的合理定价可以有效解决外部市场环境和产品线内部产品的相互替代性问题。目前产品线定价分为静态定价和动态定价。产品线静态定价主要基于剩余份额模型、混合整数规划模型、顾客选择模型等展开最优定价研究。由于市场环境的多变性和顾客需求的时变性，产品线的动态定价是产品线优化设计中需要考虑的一个重要决策问题。现有产品线动态定价研究主要从库存、需求、环境、顾客异质性和正网络效应等角度出发。然而，针对平台经济中普遍存在的负网络效应，考虑不同销售阶段销量变化对顾客选择行为影响的产品线动态定价问题，已成为平台企业产品线开发与运营的重要研究课题。

本章将基于 MNL 模型，考虑不同销售阶段销量变化对顾客购买决策的影响，建立产品线动态定价模型，分别针对单个产品、同质产品和异质产品，研究负网络效应下的产品线最优动态定价，通过理论分析和数值仿真实验验证本章模型的有效性和优越性。

5.2 模型构建与理论分析

假设某企业计划开发 $n(i=1, 2, 3, \cdots, n)$ 种产品，且产品库存无限。不失一般性，标准化市场规模为 $1(m=1)$，将产品的整个生命周期划分为 $T(t=1, 2, \cdots, T-1, T)$ 个时期，顾客进入市场最多购买一种产品，如果顾客在 t 时期购买了产品 i，则顾客获得的效用为：

$$u_t^i=v_t^i+\varepsilon_t^i \tag{5-1}$$

其中，v_t^i 是顾客在 t 时期选定产品 i 的效用函数的确定性部分，ε_t^i 是由不确定性因素导致的随机扰动项。考虑网络效应对顾客感知效用的影响，进一步得到顾客选择有网络效应的产品获得的确定性效用为：

$$v_t^i=y^i-p_t^i+\alpha^i x_t^i \tag{5-2}$$

其中，y^i 表示产品 i 的质量；p_t^i 为 t 时期产品 i 的价格；x_t^i 表示产品在第 1 个时期到 t 时期的总销量（$x_t^i=\sum_{k=1}^{t} q_k^i$，其中 q_k^i 表示产品 i 在 k 时期的销量，即销售概率）；α^i 是产品的网络效应参数，表示顾客购买产品 i 所获得效用被产品 i 的总销量影响的程度，α^i 越大，其影响程度越大。本章考虑网络效用为负的情况，即 $\alpha^i\leqslant 0$。令 $i=0$ 表示顾客没有购买该企业任何产品，则顾客进入市场选择不购买该企业产品时所获得的效用是 v_t^0。

下面基于 MNL 模型研究产品线最优动态定价策略。根据 MNL 模型，可以得到产品 i 在 t 时期的销售概率为：

$$q_t^i(p_t)=\frac{\exp(v_t^i)}{\sum_{l=1}^{n}\exp(v_t^l)+\exp(v_t^0)}=\frac{\exp\left(y^i-p_t^i+\alpha^i\sum_{k=1}^{t}q_k^i\right)}{\sum_{l=1}^{n}\exp\left(y^l-p_t^l+\alpha^l\sum_{k=1}^{t}q_k^l\right)+\exp(v_t^0)} \tag{5-3}$$

$$q_t^0(p_t)=\frac{\exp(v_t^0)}{\sum_{l=1}^{n}\exp(v_t^l)+\exp(v_t^0)}=\frac{\exp(v_t^0)}{\sum_{i=1}^{n}\exp\left(y^l-p_t^l+\alpha^l\sum_{k=1}^{t}q_k^l\right)+\exp(v_t^0)} \tag{5-4}$$

其中，$p_t=\{p_t^1,\ p_t^2,\ p_t^3,\ \cdots,\ p_t^n\}$，$q_t^0$ 表示顾客在 t 时期不购买该企业任何产品的概率。

对于 $t=(1,\ 2,\ \cdots,\ T-1,\ T)$，$t$ 时期的最大利润指的是单个时期的最大利润，且假设开发的所有产品的成本都为 0，则产品线在 t 时期最优定价问题的最大利润可描述为：

$$\pi_t(p_t)=\max\left\{\sum_{i=1}^{n}p_t^i q_t^i(p_t^i)\right\} \tag{5-5}$$

令 $\xi_t(\mathbf{q_t})=\sum_{i=1}^{n}p_t^i q_t^i(p_t)$，由式(5-3)和式(5-4)，得到产品 i 在 t 时期的价格为：

$$p_t^i=y^i+\alpha^i\sum_{k=1}^{t}q_k^i-v_t^0-\ln q_t^i+\ln q_t^0 \tag{5-6}$$

由式(5-5)和式(5-6)得到企业的利润为：

$$\xi_t(\mathbf{q_t})=\sum_{i=1}^{n}q_t^i\left(y^i+\alpha^i\sum_{k=1}^{t}q_k^i-v_t^0-\ln q_t^i+\ln q_t^0\right) \tag{5-7}$$

其中，$q_t=\{q_t^0,\ q_t^1,\ q_t^2,\ q_t^3,\ \cdots,\ q_t^n\}$，则产品定价问题可以表述为：

$$\pi_t(\mathbf{q_t})=\max_{p_t\in p_t^+}\{\xi_t(\mathbf{q_t})\}$$

$$\text{s.t.}\begin{cases}\sum_{i=1}^{n}q_t^i+q_t^0=1\\ q_t^i,\ q_t^0\geqslant 0(i=1,\ 2,\ 3,\ \cdots,\ n)\end{cases} \tag{5-8}$$

下面将分别研究单个产品、多个同质产品和多个异质产品场景下，负网络效应对产品的最优定价、市场份额、最大利润的影响。

5.2.1 单个产品的动态定价

假设企业只开发单个产品，该产品的质量为 γ，在 t 时期价格为 p_t，网络效应参数为 α，在 t 时期销量为 x_t，产品被购买的概率为 q_t，顾客进入市场不购买产品的概率为 q_t^0，根据式(5-6)，得：

$$p_t = \gamma + \alpha \sum_{k=1}^{t} q_k - v_t^0 - \ln q_t + \ln q_t^0 \tag{5-9}$$

则

$$\xi_t(\mathbf{q_t}) = q_t\left(\gamma + \alpha \sum_{k=1}^{t} q_k - v_t^0 - \ln q_t + \ln q_t^0\right) \tag{5-10}$$

最优产品定价问题为：

$$\pi_t(\mathbf{q_t}) = \max\{\xi_t(\mathbf{q_t})\}$$
$$\text{s. t.} \begin{cases} q_t + q_t^0 = 1 \\ q_t,\ q_t^0 \geqslant 0 \end{cases} \tag{5-11}$$

命题 5-1：当仅开发单个产品时，利润函数 $\xi_t(\mathbf{q_t})$ 关于市场份额 q_t 是凹函数，且最优市场份额、最优价格和最大利润为：

$$\begin{cases} q_t^* = \dfrac{1}{2\alpha} W(-2\alpha e^A) \\ p_t^* = m_t + \dfrac{1}{2} W(-2\alpha e^A) \\ \pi_t^*(\mathbf{q_t}) = -\dfrac{m_t}{2\alpha} W(-2\alpha e^A) - \dfrac{1}{4\alpha} W^2(-2\alpha e^A) \end{cases}$$

其中，$A = \gamma - v_t^0 - \ln m_t + \alpha \sum_{k=1}^{t-1} q_k - m_t$，$m_t = \dfrac{1}{1 - q_t^*} = \dfrac{1}{q_t^{0*}}$。

证明：$\xi_t(\mathbf{q_t})$ 关于 q_t 和 q_t^0 的一阶偏导数是：

$$\begin{cases} \dfrac{\partial \xi_t}{\partial q_t} = \gamma + \alpha\left(\sum_{k=1}^{t} q_k + q_t\right) - v_t^0 - \ln q_t + \ln q_t^0 - 1 \\ \dfrac{\partial \xi_t}{\partial q_t^0} = \dfrac{q_t}{q_t^0} \end{cases} \tag{5-12}$$

又 $\xi_t(\mathbf{q_t})$ 关于 q_t 和 q_t^0 的二阶偏导数是：

$$\begin{cases} \dfrac{\partial^2 \xi_t}{\partial q_t \partial q_t} = -\dfrac{1}{q_t} + 2\alpha \\ \dfrac{\partial^2 \xi_t}{\partial q_t^0 \partial q_t} = \dfrac{1}{q_t^0} \\ \dfrac{\partial^2 \xi_t}{\partial q_t^0 \partial q_t^0} = -\dfrac{q_t}{(q_t^0)^2} \end{cases}$$

由 $\xi_t(\mathbf{q_t})$ 关于 q_t 和 q_t^0 的一阶偏导数和二阶偏导数可得到关于 $\xi_t(\mathbf{q_t})$ 的海塞矩阵：

$$H_{\xi_t} = \begin{pmatrix} -\dfrac{1}{q_t} + 2\alpha & \dfrac{1}{q_t^0} \\ \dfrac{1}{q_t^0} & -\dfrac{q_t}{(q_t^0)^2} \end{pmatrix} \tag{5-13}$$

因为 $|H_{\xi_t}| = \dfrac{2\alpha q_t}{(q_t^0)^2} \geqslant 0$，所以 $\xi_t(\mathbf{q_t})$ 关于市场份额 q_t 是凹函数。

在基于 MNL 模型的产品线定价问题中，最优解可以用朗伯 W 函数表示成解析表达式。$W(x)$ 是 w 的解且满足：

$$x = we^w$$

当 $x \geqslant 0$ 时，朗伯 W 函数是正的、单调增加的、凹的。

根据 $q_t + q_t^0 = 1$ 和式(5-10)得到 $\xi_t(\mathbf{q_t})$ 关于 q_t 的导函数，并令导函数为 0，可得到最优市场份额为：

$$\frac{\mathrm{d}\xi_t}{\mathrm{d}q_t} = \gamma + \alpha\left(\sum_{k=1}^{t} q_k + q_t\right) - v_t^0 - \ln q_t + \ln(1 - q_t) - \frac{1}{1 - q_t} = 0 \tag{5-14}$$

令

$$m_t = \frac{1}{1 - q_t^*} = \frac{1}{q_t^{0*}} \tag{5-15}$$

由式(5-14)和式(5-15)可得到产品的最优选择概率 q_t^*：

$$q_t^* = -\frac{1}{2\alpha}W(-2\alpha e^A) \tag{5-16}$$

其中 $A = \gamma - v_t^0 - \ln m_t + \alpha \sum_{k=1}^{t-1} q_k - m_t$ 。

由式(5-9)和式(5-16)可得到产品的最优定价 p_t^*：

$$p_t^* = m_t + \frac{1}{2}W(-2\alpha e^A) \tag{5-17}$$

则该企业在 t 时期可获得的最大利润为：

$$\pi_t^*(\mathbf{q_t}) = -\frac{m_t}{2\alpha}W(-2\alpha e^A) - \frac{1}{4\alpha}W^2(-2\alpha e^A)$$

命题5-1证明了企业当仅开发单个产品时，在考虑产品网络效应特性的情况下，利润函数关于销售概率是凹函数，由此可以得到产品的最优定价、最优市场份额和最大利润。因此，当企业只开发单个产品时，不同时期应考虑产品定价受产品的负网络效应、质量以及销量等因素影响。

5.2.2 同质产品的动态定价

考虑企业开发 n 种同质产品的情形，即所有产品的质量、网络效用参数相同，此时，$\alpha^i = \alpha'$，$\gamma_i = \gamma'$，由式(5-6)可知，产品的价格为：

$$p_t^i = \gamma' + \alpha' \sum_{k=1}^{t} q_k^i - v_t^0 - \ln q_t^i + \ln q_t^0 \tag{5-18}$$

由式(5-7)可知，企业的利润为：

$$\xi_t'(\mathbf{q_t}) = \sum_{i=1}^{n} q_t^i [\gamma' + \alpha' \sum_{k=1}^{t} q_k^i - v_t^0 - \ln q_t^i + \ln q_t^0] \tag{5-19}$$

因此，产品线的动态定价问题可描述为：

$$\pi_t'(\mathbf{q_t}) = \max_{p_t \in p_t^+} \{\xi_t'(\mathbf{q_t})\}$$

$$\text{s. t.}\begin{cases}\sum_{i=1}^{n} q_t^i + q_t^0 = 1 \\ q_t^i,\ q_t^0 \geqslant 0(i=1,\ 2,\ 3,\ \cdots,\ n)\end{cases}$$

命题 5-2：当开发的产品线中 n 种产品同质（$y^i = y'$，$\alpha^i = \alpha'$）时，利润 $\xi_t'(\mathbf{q_t})$ 关于市场份额 q_t^i 是凹函数，且最优市场份额、最优定价、最大利润是：

$$\begin{cases} q_t^{i*} = -\dfrac{1}{2\alpha'}W(-2\alpha' e^{A'}) \\ p_t^{i*} = m_t' + \dfrac{1}{2}W(-2\alpha' e^{A'}) \\ \pi_t'(\mathbf{q_t}) = n\left\{-\dfrac{m_t'}{2\alpha'}W(-2\alpha' e^{A'}) - \dfrac{1}{4\alpha'}[W(-2\alpha' e^{A'})]^2\right\} \end{cases}$$

其中，$A' = y' + \alpha'(\sum_{k=1}^{t-1} q_k^i) - v_t^0 - \ln(m_t') - m_t'$，$m_t' = \dfrac{1}{1 - \sum_{i=1}^{n} q_t^{i*}} = \dfrac{1}{q_t^{0*}}$。

证明：$\xi_t'(\mathbf{q_t})$ 关于 q_t^i 的一阶偏导数是：

$$\frac{\partial \xi'_t}{\partial q_t^i} = y' + \alpha'(\sum_{k=1}^{t} q_k^i + q_t^i) - v_t^0 - \ln q_t^i + \ln(1 - \sum_{i=1}^{n} q_t^i) - \frac{1}{1 - \sum_{i=1}^{n} q_t^i} \tag{5-20}$$

$\xi_t'(\mathbf{q_t})$ 关于 q_t^i 和 $q_t^l(l \neq i)$ 的二阶偏导数是：

$$\begin{cases} \dfrac{\partial^2 \xi'_t}{\partial q_t^i \partial q_t^i} = 2\alpha' - \dfrac{1}{q_t^i} - \dfrac{1}{1 - \sum_{i=1}^{n} q_t^i} - \dfrac{1}{(1 - \sum_{i=1}^{n} q_t^i)^2} \\ \dfrac{\partial^2 \xi'_t}{\partial q_t^i \partial q_t^l} = -\dfrac{1}{1 - \sum_{i=1}^{n} q_t^i} - \dfrac{1}{(1 - \sum_{i=1}^{n} q_t^i)^2} \end{cases}$$

令 $\rho^{i'} = \dfrac{1}{q_t^i} - 2\alpha'$，$\rho^{0'} = \dfrac{1}{1 - \sum_{i=1}^{n} q_t^i} + \dfrac{1}{(1 - \sum_{i=1}^{n} q_t^i)^2}$，那么关于 $-\xi_t'(\mathbf{q_t})$

的海塞矩阵是

$$H_{-\xi_t'}=\begin{bmatrix} \rho^{1'}+\rho^{0'} & \rho^{0'} & \rho^{0'} & \cdots & \rho^{0'} \\ \rho^{0'} & \rho^{2'}+\rho^{0'} & \rho^{0'} & \cdots & \rho^{0'} \\ \vdots & \rho^{0'} & \rho^{3'}+\rho^{0'} & \cdots & \vdots \\ \vdots & \vdots & \vdots & \ddots & \rho^{0'} \\ \rho^{0'} & \rho^{0'} & \rho^{0'} & \cdots & \rho^{n'}+\rho^{0'} \end{bmatrix}$$

令 $g^{i'}=[g^{1'}\quad g^{2'}\quad \cdots \quad g^{n'}]$，则 $g^{i'}H_{-\xi_t'}(g^{i'})^T=\sum_{i=1}^{n}\rho^{i'}(g^{i'})^2+\rho^{0'}(\sum_{i=1}^{n}g^{i'})^2\geqslant 0$，当且仅当 $g^{i'}=0$ 时，$g^{i'}H_{-\xi_t'}(g^{i'})^T=0$，所以，$\xi_t'(\mathbf{q_t})$ 关于 q_t^i 是凹函数。

令 $\xi_t'(\mathbf{q_t})$ 关于 q_t^i 的一阶偏导数为 0，即：

$$y'+\alpha'(\sum_{k=1}^{t}q_k^i+q_t^i)-v_t^0-\ln q_t^i+\ln(1-\sum_{i=1}^{n}q_t^i)-\frac{1}{1-\sum_{i=1}^{n}q_t^i}=0$$

且令 $m_t'=\dfrac{1}{1-\sum_{i=1}^{n}q_t^{i*}}=\dfrac{1}{q_t^{0*}}$，此时可求得最优市场份额 q_t^{i*} 为：

$$q_t^{i*}=-\frac{1}{2\alpha'}W(-2\alpha'e^{A'}) \tag{5-21}$$

其中 $A'=y'+\alpha'(\sum_{k=1}^{t-1}q_k^i)-v_t^0-\ln(m'_t)-m'_t$.

由式(5-18)和式(5-21)可得最优定价为：

$$p_t^{i*}=m_t'+\frac{1}{2}W(-2\alpha'e^{A'}) \tag{5-22}$$

由式(5-19)、式(5-21)和式(5-22)可得最大利润为：

$$\pi_t'(\mathbf{q_t})=n\{-\frac{m_t'}{2\alpha'}W(-2\alpha'e^{A'})-\frac{1}{4\alpha'}[W(-2\alpha'e^{A'})]^2\}$$

命题 5-2 表明：企业开发具有同质性的产品线时，考虑产品网络效应特性影响，利润函数关于市场份额仍是凹函数，并可以得到该产品的最优定价、最优市场份额和最大利润。每个时期，同质产品的最优定价、最优市场份额和最大利润与单个产品时不同，但同质产品的最优定价、市场份额相同，都受产品负网络效应、质量、销量影响。因此，在做出利润最大化的决策时，必须综合考虑以上因素。由于产品质量是在生产阶段形成的，所以在产品线定价问题中，企业对产品的质量控制能力是不可忽视的。

5.2.3　异质产品动态定价

本部分将进一步讨论某企业开发 n 种异质产品时，网络效应对最优决策的影响。其中产品的质量 y^i 和网络效应参数 α^i 均是不同的。

命题5-3：当企业开发 n 种异质产品时，利润函数关于市场份额是凹函数，且最优定价、最优市场份额和最大利润分别为：

$$\begin{cases} p_t^{i*} = m''_t + \dfrac{1}{2}W(-2\alpha^i e^{A''}) \\ q_t^{i*} = -\dfrac{1}{2\alpha^i}W(-2\alpha^i e^{A''}) \\ \pi_t(\mathbf{q_t}) = \sum\limits_{i=1}^{n}\left\{-\dfrac{m''_t}{2\alpha^i}W(-2\alpha^i e^{A''}) - \dfrac{1}{4\alpha^i}[W(-2\alpha^i e^{A''})]^2\right\} \end{cases}$$

其中，$A'' = y^i + \alpha^i(\sum\limits_{k=1}^{t-1} q_k^i) - v_t^0 - \ln(m''_t) - m''_t$，$m''_t = \dfrac{1}{1-\sum\limits_{i=1}^{n} q_t^{i*}} = \dfrac{1}{q_t^{0*}}$。

证明：利润 $\xi_t(\mathbf{q_t})$ 关于市场份额 q_t^i 的一阶偏导数是：

$$\frac{\partial \xi_t}{\partial q_t^i} = y^i + \alpha^i\left(\sum_{k=1}^{t} q_k^i + q_t^i\right) - v_t^0 - \ln q_t^i + \ln q_t^0 - \frac{1}{1-\sum\limits_{i=1}^{n} q_t^i}$$

利润 $\xi_t(\mathbf{q_t})$ 关于市场份额 q_t^i 和 $q_t^l(i\neq l)$ 的二阶偏导数是：

$$\begin{cases}\dfrac{\partial^2\xi_t}{\partial q_t^i\partial q_t^i}=2\alpha^i-\dfrac{1}{q_t^i}-\dfrac{1}{1-\sum\limits_{i=1}^{n}q_t^i}-\dfrac{1}{(1-\sum\limits_{i=1}^{n}q_t^i)^2}\\ \dfrac{\partial^2\xi_t}{\partial q_t^i\partial q_t^l}=-\dfrac{1}{1-\sum\limits_{i=1}^{n}q_t^i}-\dfrac{1}{(1-\sum\limits_{i=1}^{n}q_t^i)^2}\end{cases}$$

令 $\rho^i=\dfrac{1}{q_t^i}-2\alpha^i$，$\rho^0=\dfrac{1}{1-\sum\limits_{i=1}^{n}q_t^i}+\dfrac{1}{(1-\sum\limits_{i=1}^{n}q_t^i)^2}$，此时关于 $-\xi_t(\mathbf{q_t})$ 的海塞矩阵是：

$$H_{-\xi_t}=\begin{bmatrix}\rho^1+\rho^0 & \rho^0 & \rho^0 & \cdots & \rho^0\\ \rho^0 & \rho^2+\rho^0 & \rho^0 & \cdots & \rho^0\\ \vdots & \rho^0 & \rho^3+\rho^0 & \cdots & \vdots\\ \vdots & \vdots & \vdots & \ddots & \rho^0\\ \rho^0 & \rho^0 & \rho^0 & \cdots & \rho^n+\rho^0\end{bmatrix}$$

令 $g^i=[g^1\quad g^2\quad\cdots\quad g^n]$，则 $g^iH_{-\xi_t}(g^i)^T=\sum\limits_{i=1}^{n}\rho^i(g^i)^2+\rho^0(\sum\limits_{i=1}^{n}g^i)^2\geqslant 0$，当且仅当 $g^i=0$ 时，$\xi_t(\mathbf{q_t})$ 关于 q_t^i 是凹函数，此时令 $\xi_t(\mathbf{q_t})$ 关于 q_t^i 的一阶偏导数为 0，即可求出产品的最优市场份额，即：

$$\frac{\partial\xi_t}{\partial q_t^i}=y^i+\alpha^i\Big(\sum_{k=1}^{t}q_k^i+q_t^i\Big)-v_t^0-\ln q_t^i+\ln q_t^0-\frac{1}{1-\sum\limits_{i=1}^{n}q_t^i}=0$$

令 $m''_t=\dfrac{1}{1-\sum\limits_{i=1}^{n}q_t^{i*}}=\dfrac{1}{q_t^{0*}}$，可得到 t 时期 i 产品的最优市场份额为：

$$q_t^{i*}=-\frac{1}{2\alpha^i}W(-2\alpha^i e^{A''})\qquad(5\text{-}23)$$

其中 $A''=y^i+\alpha^i(\sum\limits_{k=1}^{t-1}q_k^i)-v_t^0-\ln(m''_t)-m''_t$。

由式(5-6)和式(5-23)可得 t 时期 i 产品的最优定价为：

$$p_t^{i*}=m_t+\frac{1}{2}W(-2\alpha^i e^A) \tag{5-24}$$

由式(5-7)、式(5-23)和式(5-24)可得 t 时期的最大利润为：

$$\pi_t(\mathbf{q_t})=\sum_{i=1}^{n}\left\{-\frac{m_t}{2\alpha^i}W(-2\alpha^i e^A)-\frac{1}{4\alpha^i}[W(-2\alpha^i e^A)]^2\right\}$$

命题 5-3 表明：当企业开发一条产品线且其中产品均是异质产品时，在每个时期内，考虑产品网络效应的影响，利润函数关于市场份额是凹函数，可以得到对应产品的最优动态价格、最优市场份额和最大利润。同时，每个时期异质产品的最优定价、最优市场份额都是不同的，且与产品自身质量、网络效应、销量和其他产品销量紧密相关。因此，企业应该合理控制同一产品线中的其他异质产品，以及这些产品的质量，及时了解不同时期市场中不同产品的网络效应，因为这些因素会影响产品线最优定价。

推论 5-1：在单个产品、同质产品和异质产品情况下，产品的最优市场份额均随质量的增长而增长。

证明：

$$\frac{\partial q_t^*}{\partial y}=q_t^*(1-q_t^*)^2>0$$

$$\frac{\partial q_t^{i*}}{\partial y}=q_t^{i*}(1-nq_t^{i*})^2>0$$

$$\frac{\partial q_t^{i*}}{\partial y_i}=q_t^{i*}\left(1-\sum_{i=1}^{n}q_t^{i*}\right)^2>0$$

推论 5-1 表明：考虑产品受负网络效应影响，在线零售商无论是开发单个产品、同质产品还是异质产品，提高产品质量都有助于在线零售商迅速占领市场。但同时应合理控制同一产品线中的其他产品的质量，避免同一产品线内部出现相互替代。

5.3 数值仿真实验

本部分将通过数值仿真实验进一步研究网络效应参数对产品线动态最优解的影响。首先，研究在单个时期和多个时期内，开发单个产品时，网络效应参数对产品线动态最优解的影响；其次，讨论开发异质产品时，在单个时期和多个时期内，网络效应参数对产品线动态最优解的影响；最后，分别讨论开发单个产品、同质产品、异质产品时最优解的稳健性。

5.3.1 开发单个产品

先讨论企业只开发单个产品的情况，为便于分析，令其他参数保持不变，只考虑网络效应的变化对最优定价、最优市场份额和最大利润的影响。令 $\gamma=5$，$t=10$，不购买产品所获得的效用 $v^0=0$，令 α 分别为 -2.5，-3，-3.5，-4，则产品动态最优定价和最优市场份额随着网络效应参数 α 的变化趋势分别如图 5-1 和图 5-2 所示。

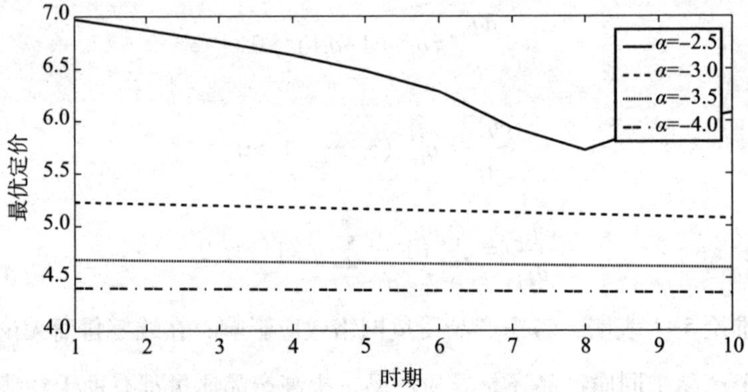

图 5-1 单个产品最优定价随网络效应参数 α 的变化趋势

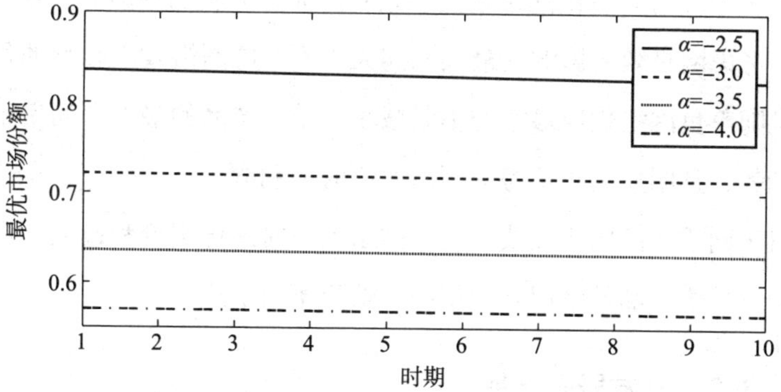

图 5-2　单个产品最优市场份额随网络效应参数 α 的变化趋势

图 5-1、5-2 表明：当网络效应较小时，随着时间的推移，最优定价逐渐减小，当网络效应较大时，最优定价先逐渐减小后逐渐回升，而市场份额在网络效应较小和较大时均随着时间的推移逐渐减小；在单个周期内，随着负网络效应的不断增大，最优定价和市场份额均不断增大。这是因为负网络效应越小，对市场份额的影响越大，最优定价不断下调可以遏制市场份额的不断减少，说明网络效应对动态最优定价和市场份额产生了重要的影响，企业在开发单个产品时，要及时关注网络效应对产品最优定价和市场份额的影响，且随着时间的变化，最优定价也应该随时做出调整。

下面分析当网络效应参数变化时，整个周期内的最大利润随着网络效应参数变化的情况，其中 α 表示单个产品的网络效应参数，$\alpha=0$ 表示开发此产品时不考虑网络效应的影响，π 表示整个周期所获得的利润，并设置产品的质量 $y=5$，周期 $t=10$，最大利润变化的情况如表5-1所示。

表 5-1　单个产品最大利润随网络效应参数的变化

α	0	−2. 25	−2. 4	−2. 5	−2. 6	−2. 75	−2. 9	−3
π	29. 2	98. 3	64	52. 8	49	45	39. 2	36. 9

由表 5-1 可以看出网络效应参数对产品最大利润的影响。在一定范围内，考虑网络效应影响的最大利润大于不考虑网络效应影响的最大利润，且随着负网络效应参数的不断减小，单个产品的最大利润呈不断增大的趋势，且明显大于不考虑网络效应时的利润。

对于同质产品的产品线开发，网络效应对最优定价和最大利润的影响同开发单个产品的情况是相似的，这里不再赘述。

5.3.2 开发异质产品

当企业开发异质产品时，我们在负网络效应存在的情况下，研究网络效应的变化对最优动态定价、最优市场份额和整个周期内最大利润的影响。不失一般性，仅考虑存在两个异质产品的情况。

首先，考虑网络效应参数变化对动态最优定价和最优市场份额的影响，设定两个产品的质量分别是 $y_1=5$，$y_2=6$，周期 $t=10$，动态最优定价和最优市场份额的变化趋势如图 5-3、图 5-4 所示。

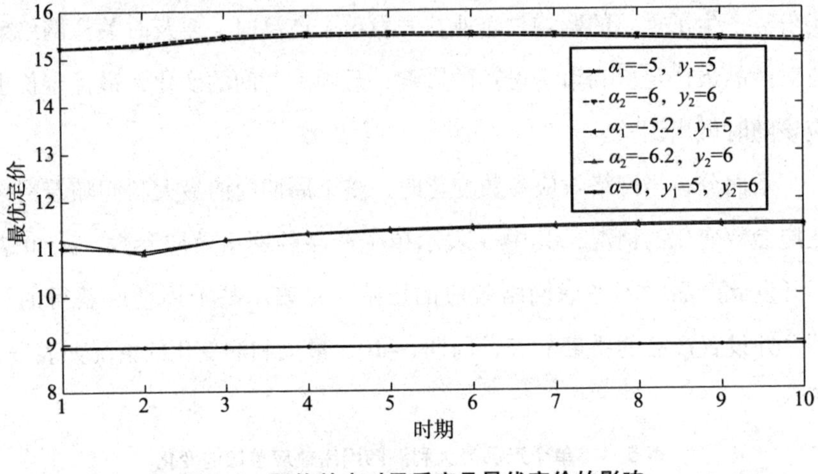

图 5-3　网络效应对异质产品最优定价的影响

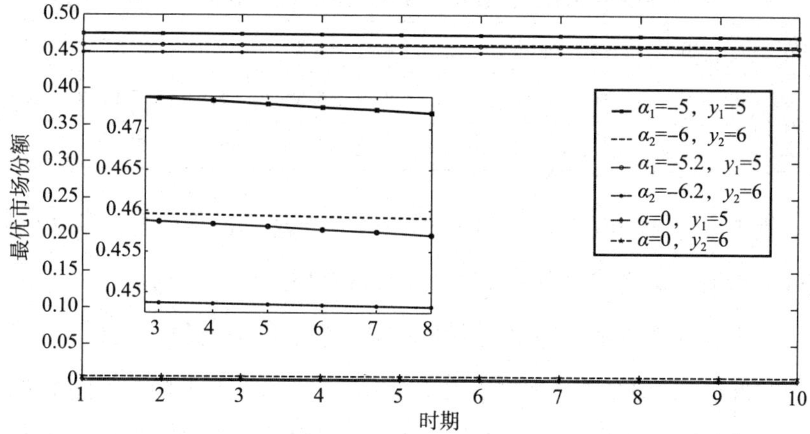

图 5-4　网络效应对异质产品最优市场份额的影响

由图 5-3、图 5-4 看出，考虑网络效应的影响，两个产品的最优动态定价和最优市场份额是不同的，在整个周期内，当网络效应较小时，质量参数较大的产品的最优定价先下降后又逐渐升高，质量参数较小的产品的最优定价逐渐提高；当网络效应较大时，两个产品的最优定价先升高然后逐渐下降；无论网络效应较小还是较大，市场份额均一直下降。纵向对比，考虑网络效应影响的最优定价明显大于不考虑网络效应时的最优定价，同一个产品，质量不变，当网络效应减小时，最优定价和市场份额均逐渐减小，与单个产品时的结论是相同的。无论是单个产品还是多个产品，负网络效应强度越大，消费者越倾向于不购买产品，从而离开市场，使产品销量逐渐减少，这时企业需要采取降价策略刺激销量增长，以减少利益损失。具有网络效应特性的产品，当不考虑网络效应时，理论上定价和市场份额不随质量的变化而变化，但这与实际不符。因此，对于该类产品，考虑网络效应是必要的。

下面考虑两个产品的网络效应均逐渐减小对整个周期内最大利润的影响，两个产品的质量分别是 $y_1=5$，$y_2=6$，周期 $t=10$，结果如表 5-2 所示。

表 5-2 网络效应强度同向变化对异质产品整个周期内最大利润的影响

α_1	0	-4.7	-4.75	-4.8	-4.85	-4.9	-4.95	-5
α_2	0	-5.7	-5.75	-5.8	-5.85	-5.9	-5.95	-6
π	0.73	380.14	296.96	244.02	207.35	180.45	159.87	1461

表 5-2 中 α_1 指的是产品 1 的网络效应参数，α_2 指的是产品 2 的网络效应参数，π 代表产品 1 和产品 2 在整个周期内的总利润。由表 5-2 可以看出，如果不考虑网络效应的影响，整个周期内的最大利润很小，甚至接近于 0；但是在考虑网络效应的情况下，最大利润随着负网络效应参数的增大而不断增大，且远远大于不考虑网络效应时的最大利润。这对企业而言，在开发异质产品时，考虑网络效应将大幅提高企业利润。

当两个产品的网络效应参数一个逐渐增大，另一个逐渐减小时，整个周期内的最大利润如表 5-3 所示。

表 5-3 网络效应强度异向变化对异质产品整个周期内最大利润的影响

α_1	0	-5	-4.95	-4.9	-4.85	-4.8	-4.75	-4.7
α_2	0	-5.7	-5.75	-5.8	-5.85	-5.9	-5.95	-6
π	0.73	207.16	206.72	206.78	207.35	208.44	210.07	212.25

表 5-3 表明：在不考虑网络效应的影响的情况下，整个周期内的最大利润很小；但是在两个产品的网络效应参数一个逐渐增大，另一个逐渐减小的情况下，很明显可以看到，最大利润均高于不考虑网络效应时的最大利润。下面考虑一种特殊情况，即两个产品的网络效应相同时对整个周期内最大利润的影响。从表 5-4 可以看出两个网络效应参数相同时的最大利润都远大于网络效应参数为 0 时的最大利润。

表 5-4 网络效应强度相同对异质产品整个周期内最大利润的影响

α_1	0	-5.2	-5.3	-5.4	-5.5	-5.6	-5.7	-5.8
α_2	0	-5.2	-5.3	-5.4	-5.5	-5.6	-5.7	-5.8
π	0.73	452.21	271.48	194.27	151.83	124.96	106.36	119.31

从表 5-2、表 5-3、表 5-4 可以得出，不论两个产品的网络效应如何变化，整个周期内的最大利润都远远高于不考虑网络效应时的最大利润，因此，产品负网络效应对于异质产品的定价决策和利润管理具有重要影响。

5.4　稳健性研究

本部分将研究当网络效应强度的估计存在一定误差时最大利润的稳健性。不失一般性，本部分仍分别考虑开发单个产品和两种异质产品的情况。

5.4.1　开发单个产品时利润最优解的稳健性

假设某企业对于单个产品的网络效应强度的估计值为 $\hat{\alpha}$，根据 $\hat{\alpha}$ 可获得每个时期相应的定价决策$\hat{p}_t(\hat{q})$，若该产品的实际网络效应强度是 α，则此时期的市场份额是$\overline{q_t}$。

如果 $\hat{\alpha}=\alpha$，那么$\hat{q}_t=\overline{q_t}$，否则$\hat{q}_t\neq\overline{q_t}$，整个周期内所获得的实际利润是 $\hat{\pi}=\sum_{t=1}^{n}\hat{p}_t(\hat{q})\cdot\overline{q_t}$。令 $\gamma=5$，$t=10$，$v^0=0$，定义 $l=|\pi^*-\hat{\pi}|/\pi^*$ 为利润损失率，其中 π^* 是网络效应强度估计没有误差（$\hat{\alpha}=\alpha$）时的最大利润。单个产品在整个销售周期内的利润和损失如表 5-5 所示。

表 5-5　单个产品利润的稳健性

$\hat{\alpha}$	−2.9	−3	−1	−2	−3	−4
$\alpha=-3$						
$\hat{\pi}$	37.838	32.295 2	31.166 1	30.293 1	29.604 4	29.052 5
l	0.05	0	0.03	0.06	0.08	0.1

续表

$\alpha=-3.3$						
$\hat{\pi}$	31.254 3	29.876 2	28.832 7	28.025 0	27.387 7	26.877 3
l	0.14	0.09	0.05	0.02	0	0.02

由表 5-5 可以得出，当网络效应存在一定的估计误差时，利润表现出良好的稳健性。数值仿真分析结果表明，当企业仅开发单个产品时，获得的利润损失率几乎都低于 0.1；若网络效应强度的估计误差控制在合理范围，则企业可以获得最大利润。

5.4.2 开发异质产品时利润最优解的稳健性

假设开发两个异质产品，产品 1 的网络效应强度估计值为$\tilde{\alpha}^1$，根据$\tilde{\alpha}^1$可以获得产品 1 在 t 时期相应的定价决策$\tilde{p}_t^1(\tilde{q}^1)$，若产品 1 实际的网络效应参数是 α^1，则此时期的市场份额是$\widehat{q_t^1}$；如果$\tilde{\alpha}^1=\alpha^1$，那么$\tilde{q}_t^1=\widehat{q_t^1}$，否则$\tilde{q}_t^1\neq\widehat{q_t^1}$；产品 2 的网络效应参数估计值为$\tilde{\alpha}^2$，根据$\tilde{\alpha}^2$可以获得产品 2 相应时期的定价决策$\tilde{p}_t^2(\tilde{q}^2)$，若产品 2 的实际网络效应参数是 α^2，则此时期的市场份额是$\widehat{q_t^2}$；如果$\tilde{\alpha}^2=\alpha^2$，那么$\tilde{q}_t^2=\widehat{q_t^2}$，否则$\tilde{q}_t^2\neq\widehat{q_t^2}$。此时开发两个异质产品的最大利润是 $\pi=\tilde{p}_t^1(\tilde{q}^1)\times\widehat{q_t^1}+\tilde{p}_t^2(\tilde{q}^2)\times\widehat{q_t^2}$。

对于两个异质产品的情况，令 $y_1=5$，$y_2=6$，$v_0=0$，$t=10$，定义 $l=|\pi^*-\hat{\pi}|/\pi^*$为利润损失率，其中 π^*是两个异质产品的网络效应参数没有估计误差($\tilde{\alpha}^1=\alpha^1$，$\tilde{\alpha}^2=\alpha^2$)时的最大利润。表 5-6、表 5-7 和表 5-8 分别给出了两个产品网络效应强度估计值不同和相同时的稳健性，并仿真了网络效应强度变化时整个销售周期内利润和损失的变化情况。由表 5-6 可以得出，当两个产品的网络效应参数一起变小且存在一定的估计

误差时，利润损失率几乎都低于 0.1，表明当网络效应参数的误差控制在合理的范围内时，可以获得良好的稳健利润。表 5-7 表示两个产品的网络效应参数变化趋势不同时利润的稳健性情况。当产品 1 的网络效应参数逐渐变小，产品 2 的网络效应参数逐渐变大，且存在一定的估计误差时，利润损失率的绝对值都不大于 0.002，说明利润表现出良好的稳健性。两个异质产品网络效应参数相同时利润的稳健性如表 5-8 所示，结果表明：当产品 1 和产品 2 的网络效应参数相等且存在一定的估计误差时，利润损失率几乎都小于 0.1，表明利润具有良好的稳健性。

表 5-6　两个异质产品利润的稳健性(Ⅰ)

$\tilde{\alpha}^1$	-4.795	-4.8	-4.805	-4.81	-4.815	-4.82
$\tilde{\alpha}^2$	-5.795	-5.8	-5.805	-5.81	-5.815	-5.82
$\alpha_1=-4.8$　$\alpha_2=-5.8$						
π	237.75	244.02	229.80	226.03	222.39	218.87
l	0.026	0	0.058	0.074	0.088	0.103
$\alpha_1=-4.815$　$\alpha_2=-5.815$						
π	247.71	244.03	239.42	235.49	231.69	228.04
l	0.069	0.053	0.033	0.016	0	0.016

表 5-7　两个异质产品利润的稳健性(Ⅱ)

$\tilde{\alpha}^1$	-4.795	-4.8	-4.805	-4.81	-4.815	-4.82
$\tilde{\alpha}^2$	-5.82	-5.815	-5.81	-5.805	-5.8	-5.795
$\alpha_1=-4.8$　$\alpha_2=-5.815$						
π	237.98	237.86	237.76	237.65	237.56	237.46
l	0.000 5	0	0.000 4	0.0009	0.001	0.002
$\alpha_1=-4.815$　$\alpha_2=-5.8$						
π	237.97	237.85	237.74	237.64	237.54	237.45
l	0.002	0.001	0.000 8	0.000 4	0	0.000 4

表 5-8　两个异质产品网络效应参数相同时利润的稳健性

$\tilde{\alpha}^1$	-5.195	-5.2	-5.205	-5.21	-5.215	-5.22
$\tilde{\alpha}^2$	-5.195	-5.2	-5.205	-5.21	-5.215	-5.22
$\alpha_1=-5.2\quad\alpha_2=-5.2$						
π	472.12	456.21	441.38	427.53	414.55	402.37
l	0.034	0	0.032	0.062	0.091	0.118
$\alpha_1=-5.215\quad\alpha_2=-5.215$						
π	471.03	455.17	440.38	426.56	4162	401.46
l	0.138	0.100	0.064	0.031	0	0.029

综上所述，无论异质产品的网络效应如何变化，当参数的估计误差在合理范围内时，利润都表现出较好的稳健性。因此，本章提出的考虑负网络效应的产品线动态定价模型具有良好的稳健性。

5.5　本章小结

随着电子商务和信息技术的快速发展，网络效应对产品线定价的影响日益重要。负网络效应对平台消费和共享经济中的顾客选择具有重要影响，本章研究基于 MNL 模型的考虑负网络效应的产品线定价问题，主要贡献如下：

(1)利用带有负网络效应的 MNL 模型模拟顾客在产品线动态定价问题中的选择行为。在顾客的效用函数中，加入一个由网络效应系数和产品销量组成的网络效应项。

(2)在开发单个产品、同质产品和异质产品的不同情况下，证明了当考虑网络效应时，利润函数关于市场份额是凹函数，并分别给出了最优动态价格、最优市场份额和最优利润的解析解，并通过分析证明了最优市场份额随质量的提升而增长。

(3)通过数值仿真实验，首先描述了网络效应参数对动态最优解的影响；其次分析了产品线定价中考虑网络效应的重要性；最后，为了验证该模型的适用性，在网络效应参数存在估计误差时，测试了最优解的稳健性。本章的研究思路和结果可以为平台企业和共享经济的产品定价问题提供理论基础和决策依据。

第6章

考虑负网络效应的产品线和增值服务定价研究

6.1 问题描述

随着网络经济的快速发展，传统的商业模式发生了巨大的改变，新产品和附加服务表现出的网络效应对定价的影响已成为一个重要的学术问题。同时，由于顾客有不同的选择偏好，为了增加利润，企业必须寻求提供产品和服务的新途径，于是，捆绑销售作为一种有效的销售策略就被提了出来。自 Stigler 提出采用捆绑策略提供产品，而不是把产品独立销售可能更有利可图以来，捆绑策略对产品线定价的影响就成了一个重要的研究课题。Adams 和 Yellen 的研究表明，企业不仅可以提供一个“纯”捆绑，还可以单独提供其组成部分，称之为混合捆绑策略。当一家企业采用纯捆绑策略时，只以捆绑的形式销售产品，例如音乐 CD 和视频平台，不只销售歌曲和电视剧；采用混合捆绑策略，就是同时销售捆绑产品和独立产品，这种策略的例子包括日化产品、电信套餐和旅行套餐等。本章将基于顾客选择模型，考虑负网络效应的影响，研究产品质量和网络效应对产品和服务最优定价策略的影响，并对纯捆绑策略和混合捆绑策略的利润进行比较分析。

6.2 模型构建与理论分析

假设在寡头垄断市场，企业提供 n 种产品和增值服务（$i=1$，2，3，

4，…，n），基础产品与附加增值服务是相互独立的，采用纯捆绑策略时产品的负网络效应为 α_i，采用混合策略捆绑时产品的网络效应为 α_{i1}，服务的网络效应为 α_{i2}。定义市场规模为1，即产品的市场份额与销量等同。将顾客分为三类，每位顾客进入市场后，最多购买单位产品和增值服务；第一类只购买单位产品，第二类购买单位产品和增值服务，第三类不购买；并假设产品和服务的成本为0。

针对纯捆绑策略、混合捆绑策略两种情形，本部分拟分别建立对应的产品和服务优化模型。首先，对纯捆绑策略下的最优定价、最优市场份额以及最大利润进行分析；其次，求解混合捆绑策略下的产品和服务的最优决策；最后，分析网络效应变化对最优解的影响。

6.2.1 考虑负网络效应的纯捆绑策略定价

纯捆绑策略是指一家企业只以捆绑的策略销售产品，本部分将产品和服务 i 看作一个统一的整体，构建一个达到利润最大化目标的模型，在纯捆绑策略下，顾客购买产品和服务获得的效用是：

$$u_i = v_i + \varepsilon_i \tag{6-1}$$

其中，v_i 是顾客在选定产品和服务 i 的效用函数的确定性部分，ε_i 是由不确定因素导致的随机扰动项。将网络效应融合进顾客的效用函数中，进一步模拟顾客选择含有网络效应的产品和服务可获得的确定性效用：

$$v_i = \gamma_i + m_i - r_i + \alpha_i p_i \tag{6-2}$$

此时市场规模不失一般性假设为1，p_i 既代表产品 i 的销售概率，也代表销量；γ_i 表示产品的质量；m_i 表示增值服务的价值；r_i 表示纯捆绑策略下产品和增值服务的捆绑价格；α_i 代表纯捆绑策略下产品和增值服务的共同网络效应参数，表示顾客所获得效用被纯捆绑策略下总销量影响的程度，α_i 越大，影响程度越深，本部分考虑的是网络效应为负的情况，即 $\alpha_i \leqslant 0$。顾客进入市场后不购买产品和服务所获得的效用的确定性部分设为 v_0。本部分应用 MNL 模型获得纯捆绑策略下的销量：

$$p_i(\mathbf{r_i}) = \frac{\exp(v_i)}{\sum_{i=1}^{n}\exp(v_i) + \exp(v_0)} = \frac{\exp(y_i + m_i - r_i + \alpha_i p_i)}{\sum_{i=1}^{n}\exp(y_i + m_i - r_i + \alpha_i p_i) + \exp(v_0)} \tag{6-3}$$

$$p_0(r_i) = \frac{\exp(v_0)}{\sum_{i=1}^{n}\exp(v_i) + \exp(v_0)} = \frac{\exp(v_0)}{\sum_{i=1}^{n}\exp(y_i + m_i - r_i + \alpha_i p_i) + \exp(v_0)} \tag{6-4}$$

其中，$\mathbf{r_i} = [r_1, r_2, r_3, \cdots, r_n]$，此时纯捆绑策略下企业的最大利润可表示为

$$\pi = \max\left\{\sum_{i=1}^{n} r_i p_i\right\} \tag{6-5}$$

令 $\xi_i(\mathbf{p_i}) = \sum_{i=1}^{n} r_i p_i$，$\mathbf{p_i} = [p_0, p_1, p_2, p_3, \cdots, p_n]$，$\xi_i(\mathbf{p_i})$ 即企业的利润，根据式（6-3）和式（6-4）可得到纯捆绑策略下产品和服务的价格为：

$$r_i = y_i + m_i + \alpha_i p_i - v_0 - \ln p_i + \ln p_0 \tag{6-6}$$

由式（6-5）和式（6-6）可得企业的利润为：

$$\xi_i(\mathbf{p_i}) = \sum_{i=1}^{n}(y_i + m_i + \alpha_i p_i - v_0 - \ln p_i + \ln p_0)\, p_i \tag{6-7}$$

企业的最大利润可表示为：

$$\pi = \max\{\xi_i(\mathbf{p_i})\}$$

$$\text{s. t.}\begin{cases}\sum_{i=1}^{n} p_i + p_0 = 1\\ p_i,\ p_0 \geqslant 0 \ (i = 1, 2, 3, \cdots, n)\end{cases}$$

下面将求解纯捆绑策略下企业提供 n 种异质产品和增值服务的最大利润。

命题 6-1：纯捆绑策略下，企业的利润关于产品和增值服务 i 的市场份额是凹函数，且最优市场份额、最优定价和最大利润为：

$$\begin{cases} p_i^* = \dfrac{A}{(t-2\alpha_i)} \\ r_i^* = \dfrac{t-2\alpha_i}{t-2\alpha_i-A} \\ \pi^* = \sum\limits_{i=1}^{n} \dfrac{A}{t-2\alpha_i-A} \end{cases}$$

其中，$A = W[(t-2\alpha_i)e^{(\gamma_i+m_i-v_0-1-\ln t)}]$，$t = \dfrac{1}{p_0^*} = \dfrac{1}{1-\sum\limits_{i=1}^{n} p_i^*}$。

证明：企业的利润关于产品和服务 i 的市场份额的一阶偏导数是：

$$\frac{\partial \xi(\mathbf{p_i})}{\partial p_i} = \gamma_i + m_i + 2\alpha_i p_i - v_0 - \ln p_i + \ln\left(1 - \sum_{i=1}^{n} p_i\right) - 1 - \frac{p_i}{\left(1 - \sum\limits_{i=1}^{n} p_i\right)}$$

企业的利润关于产品的服务 i 的市场份额的二阶偏导数是：

$$\frac{\partial^2 \xi(\mathbf{p_i})}{\partial (p_i)^2} = 2\alpha_i - \frac{1}{p_i} - \frac{1}{1-\sum\limits_{i=1}^{n} p_i} - \frac{1-\sum\limits_{i=1}^{n} p_i + p_i}{\left(1-\sum\limits_{i=1}^{n} p_i\right)^2} \leqslant 0$$

可以看到，二阶偏导数小于等于 0，但又不一直等于 0，所以纯捆绑策略下，企业的利润关于产品和服务 i 的市场份额是凹函数，此时，令一阶偏导数等于 0，可得到最大市场份额为：

$$\frac{\partial \xi(\mathbf{p_i})}{\partial p_i} = \gamma_i + m_i + 2\alpha_i p_i - v_0 - \ln p_i + \ln\left(1 - \sum_{i=1}^{n} p_i\right) - 1 - \frac{p_i}{\left(1 - \sum\limits_{i=1}^{n} p_i\right)} = 0 \tag{6-8}$$

由朗伯 W 函数可解得最优市场份额是：

$$p_i^* = \frac{1}{(t-2\alpha_i)} W[(t-2\alpha_i)e^{(\gamma_i+m_i-v_0-1-\ln t)}] \tag{6-9}$$

此处，假设 $t=\frac{1}{p_0^*}=\frac{1}{1-\sum_{i=1}^{n}p_i^*}$。

由式（6-6）可求得最优定价为：

$$r_i^*=1+\frac{t-\alpha_i}{(t-2\alpha_i)}W[(t-2\alpha_i)e^{(y_i+m_i-v_0-1-\ln t)}] \tag{6-10}$$

所以，由式（6-5）、式（6-8）和式（6-9）可得纯捆绑策略下企业可获得的最大利润为：

$$\pi=\sum_{i=1}^{n}\frac{t-\alpha_i}{(t-2\alpha_i)^2}[W[(t-2\alpha_i)e^{(y_i+m_i-v_0-1-\ln t)}]]^2+\frac{1}{(t-2\alpha_i)}W[(t-2\alpha_i)e^{(y_i+m_i-v_0-1-\ln t)}] \tag{6-11}$$

由命题6-1可得纯捆绑策略下企业的最优定价、最优市场份额和最大利润。下面将对影响最优解的因素——网络效应进行分析。

推论6-1：在纯捆绑策略下，网络效应越大，最优定价、最优市场份额和最大利润越大，即 $\frac{\partial p_i}{\partial\alpha_i}>0$，$\frac{\partial r_i}{\partial\alpha_i}>0$，$\frac{\partial\pi_i}{\partial\alpha_i}>0$。

证明：由式（6-9）、式（6-10）和式（6-11）可得：

$$\frac{\partial p_i}{\partial\alpha_i}=-\frac{2p_i}{2\alpha_i-\frac{1-\sum_{i=1}^{n}p_i+p_i}{p_i\left(1-\sum_{i=1}^{n}p_i\right)}-\frac{1-\sum_{i=1}^{n}p_i+p_i}{\left(1-\sum_{i=1}^{n}p_i\right)^2}}>0$$

$$\frac{\partial r_i}{\partial\alpha_i}=\frac{p_i}{(1-\sum_{i=1}^{n}p_i)^2}\frac{\partial p_i}{\partial\alpha_i}+(t-\alpha_i)\frac{\partial p_i}{\partial\alpha_i}>0$$

$$\frac{\partial\pi_i}{\partial\alpha_i}=p_i\frac{\partial r_i}{\partial\alpha_i}+r_i\frac{\partial p_i}{\partial\alpha_i}>0$$

所以，纯捆绑策略下的最优定价、最优市场份额和最大利润随网络效应的增大而增大，当企业生产单个产品时，要及时关注网络效应对产品最优定价和最优市场份额的影响，且随着网络效应的变化，最优定价也应该随时做出调整。

6.2.2 考虑负网络效应的混合捆绑策略定价

混合捆绑策略是指一家企业既可以单独销售产品，也可以捆绑销售产品的策略。本部分把产品和增值服务作为混合捆绑策略中的两个产品，且有各自的网络效应参数，产品可以单独销售，增值服务必须和产品捆绑销售。顾客进入市场可以只购买产品，也可以购买产品并购买增值服务，还可以不购买任何产品离开市场。混合捆绑策略下，顾客进入市场获得的效用是：

$$u_i^k = v_i^k + \varepsilon_i^k \tag{6-12}$$

其中，v_i^k 是顾客在选定产品 i 的效用函数的确定性部分，ε_i^k 是由不确定因素导致的随机扰动项。$k=\{1, 2\}$，$k=1$ 表示第一类顾客，$k=2$ 表示第二类顾客。将网络效应融合进第一类顾客的效用函数中，进一步模拟顾客选择含有网络效应的产品 i 可获得的确定性效用：

$$v_i^1 = \gamma_i - r_i^1 + \alpha_i^1 p_i^1 \tag{6-13}$$

第二类购买产品和服务的顾客可获得的效用是：

$$v_i^2 = \gamma_i - r_i^1 + m_i - r_i^2 + \alpha_i^1 p_i^2 + \alpha_i^2 p_i^2 \tag{6-14}$$

p_i^1 既代表顾客进入市场只选择产品 i 的概率，也代表销量，p_i^2 表示顾客选择产品和增值服务的概率；α_i^1 代表混合捆绑策略下产品的网络效应参数，α_i^2 表示混合捆绑策略下增值服务的网络效应参数；r_i^1 表示产品的定价，r_i^2 表示增值服务的定价；混合捆绑策略下顾客进入市场后不购买产品和增值服务所获得的效用的确定性部分设为 v'_0。应用 MNL 模型获得混合捆绑策略下只购买产品 i 的概率，即产品 i 单独销售的销量是：

$$p_i^1(\mathbf{r}'_\mathbf{i}) = (1-a)\, p'_i = \frac{\exp(v_i^1)}{\sum_{i=1}^{n} \exp(v_i^1) + \sum_{i=1}^{n} \exp(v_i^2) + \exp(v'_0)}$$

$$= \frac{\exp(y_i - r_i^1 + \alpha_i^1(1-a_i)p_i')}{\sum_{i=1}^{n}\exp(y_i - r_i^1 + \alpha_i^1(1-a_i)p'_i) + \sum_{i=1}^{n}\exp(y_i - r_i^1 + \alpha_i^1 a_i p'_i + m_i - r_i^2 + \alpha_i^2 a_i p'_i) + \exp(v'_0)} \tag{6-15}$$

混合捆绑策略下购买产品 i 和增值服务的概率，即捆绑销售产品 i 和增值服务的销量是：

$$p_i^2(\mathbf{r_i'}) = ap'_i = \frac{\exp(v_i^2)}{\sum_{i=1}^{n}\exp(v_i^1) + \sum_{i=1}^{n}\exp(v_i^2) + \exp(v'_0)}$$

$$= \frac{\exp(y_i - r_i^1 + \alpha_i^1 a_i p'_i + x_i(m_i - r_i^2 + \alpha_i^2 a_i p'_i))}{\sum_{i=1}^{n}\exp(y_i - r_i^1 + \alpha_i^1](1-a_i)p'_i) + \sum_{i=1}^{n}\exp(y_i - r_i^1 + \alpha_i^1 a_i p'_i + m_i - r_i^2 + \alpha_i^2 a_i p'_i) + \exp(v'_0)} \tag{6-16}$$

混合捆绑策略下顾客不买产品离开市场的概率是：

$$p'_0(\mathbf{r_i}') = \frac{\exp(v_i^{0'})}{\sum_{i=1}^{n}\exp(v_i^1) + \sum_{i=1}^{n}\exp(v_i^2) + \exp(v'_0)}$$

$$= \frac{\exp(v_i^{0'})}{\sum_{i=1}^{n}\exp(y_i - r_i^1 + \alpha_i^1(1-a_i)p'_i) + \sum_{i=1}^{n}\exp(y_i - r_i^1) + \alpha_i^1 a_i p'_i + m_i - r_i^2 + \alpha_i^2 a_i p'_i) + \exp(v_i^{0'})} \tag{6-17}$$

其中，$\mathbf{r_i}' = [r_1^1, r_1^2, r_2^1, r_2^2, \cdots, r_n^1, r_n^2]$，$p'_i$ 代表购买产品 i 的总人数（$p_i^1 + p_i^2 = p'_i$），a 表示购买产品和增值服务的顾客数量占购买产品

的总人数的比例，$0<a<1$。

此时混合捆绑策略下企业的利润为：

$$\pi = \max\left\{ \sum_{i=1}^{n} (r_i^1 p'_i + r_i^2 p_i^2) \right\} \tag{6-18}$$

令 $\xi_i(\mathbf{p}'_\mathbf{i}) = \sum_{i=1}^{n} (r_i^1 p'_i + r_i^2 p_i^2)$，$\mathbf{p}'_\mathbf{i} = [p'_1,\ p'_2,\ p'_3,\ \cdots,\ p'_n]$，$\xi_i(\mathbf{p'}_\mathbf{i})$ 是企业可获得的利润，由式（6-14）和式（6-16）可得产品的价格为：

$$r_i^1 = \gamma_i + \alpha_i^1(1 - a_i)\, p'_i - v'_0 - \ln[(1 - a_i)\, p'_i] + \ln\left(1 - \sum_{i=1}^{n} p'_i\right) \tag{6-19}$$

由式（6-13）和式（6-14）可得服务的价格为：

$$r_i^2 = m_i + \alpha_i^1 p'_i(2a_i - 1) + \alpha_i^2 a_i p'_i - \ln a_i + \ln(1 - a_i) \tag{6-20}$$

由式（6-17）、式（6-18）和式（6-19）可知企业的利润是：

$$\xi_i(\mathbf{p}'_\mathbf{i}) = \sum_{i=1}^{n} \left\{ p'_i(\gamma_i - v'_0) + m_i a_i p'_i - a_i \ln a_i p'_i + (a_i - 1)\ln(1 - a_i)\, p'_i \right. \\ \left. + [2(a_i)^2 - 2a_i + 1]\alpha_i^1 (p'_i)^2 + (a_i)^2 \alpha_i^2 (p'_i)^2 - p'_i \ln\left[\frac{p'_i}{1 - \sum_{i=1}^{n} p'_i}\right] \right\} \tag{6-21}$$

企业的最大利润可表示为：

$$\pi = \max\{\xi_i(\mathbf{p}'_\mathbf{i})\}$$

$$\text{s. t.} \begin{cases} \sum_{i=1}^{n} p'_i + p'_0 = 1 \\ p'_i,\ p'_0 \geqslant 0 \end{cases}$$

下面将求解混合捆绑策略下企业提供 n 种异质产品和增值服务的最大利润。

命题 6-2：混合捆绑策略下，企业的利润关于产品 i 的总市场份额是凹函数，产品的最优定价、增值服务的最优定价、只销售产品的最大市场份额、产品和增值服务共同销售的最大市场份额、最大利润是：

$$
\begin{cases}
r_i^{1*}=[(-4(a_i)^2+3a_i-1)\alpha_i^1-2(a_i)^2\alpha_i^2+t']\dfrac{1}{A}W(DA)-a_im_i+a_i\ln\left(\dfrac{a_i}{1-a_i}\right)+1 \\
r_i^2=m_i+\dfrac{[\alpha_i^1(2a_i-1)+\alpha_i^2a_i]}{A}W(DA)+\ln(1-a_i)-\ln a_i \\
p_i^{1*}=\dfrac{1-a_i}{A}W(DA) \\
p_i^{2*}=\dfrac{a_i}{A}W(DA) \\
\pi=\sum\limits_{i=1}^{n}\left([t'+(2a_i-2(a_i)^2-1)\alpha_i^1-(a_i)^2\alpha_i^2]\left(\dfrac{1}{A}W(DA)\right)^2+\dfrac{1}{A}W(DA)\right)
\end{cases}
$$

其中，$A=(4a_i-4(a_i)^2-2)\alpha_i^1-2(a_i)^2\alpha_i^2$，

$D=e^{y_i-v'_0-t'+m_ia_i-a_i\ln a_i+(a_i-1)\ln(1-a_i)+\ln t'-1}$，$t'=\dfrac{1}{p'_0{}^*}=\dfrac{1}{1-\sum\limits_{i=1}^{n}p'_i{}^*}$。

证明：混合捆绑策略下企业的利润 $\xi_i(\mathbf{p}_i')$ 关于购买产品的总人数 p_i'的一阶偏导数是：

$$
\frac{\partial\xi_i(\mathbf{p'_i})}{\partial p'_i}=y_i-v'_0+m_ia_i-a_i\ln a_i+
(a_i-1)\ln(1-a_i)-\ln\left(\frac{p'_i}{1-\sum\limits_{i=1}^{n}p'_i}\right)
-\frac{p'_i}{1-\sum\limits_{i=1}^{n}p'_i}+2(2(a_i)^2-2a_i+1)\alpha_i^1p'_i+22^{\alpha 2}_{\ i}p'_i-1
$$

企业的利润 $\xi_i(\mathbf{p'_i})$ 关于购买产品的总人数 p'_i 的二阶偏导数是

$$
\frac{\partial^2\xi_i(\mathbf{p'_i})}{\partial(p'_i)^2}=2(2(a_i)^2-2a_i+1)\alpha_i^1+2(a_i)^2\alpha_i^2-
$$

$$\frac{2}{1-\sum_{i=1}^{n}p'_i}-\frac{1}{p'_i}-\frac{p_i}{\left(1-\sum_{i=1}^{n}p'_i\right)^2}\leqslant 0$$

可以看到二阶偏导数小于等于 0，但又不一直等于 0，所以混合捆绑策略下，企业的利润关于产品 i 的总市场份额是凹函数，此时，令一阶偏导数等于 0，可得到最大市场份额为：

$$\frac{\partial \xi_i(\mathbf{p'_i})}{\partial p'_i}=y_i-v'_0+m_ia_i-a_i\ln a_i+(a_i-1)\ln(1-a_i)-\ln\left(\frac{p'_i}{1-\sum_{i=1}^{n}p'_i}\right)$$

$$-\frac{p'_i}{1-\sum_{i=1}^{n}p'_i}+2(2(a_i)^2-2a_i+1)\alpha_i^1p'_i+22^{\alpha_i^2}p'_i-1=0$$

解得产品 i 的最大总市场份额是：

$$p'_i{}^*=\frac{1}{A}W(DA) \quad (6\text{-}22)$$

其中，$A=(4a_i-4(a_i)^2-2)\alpha_i^1-2(a_i)^2\alpha_i^2$，

$D=e^{y_i-v'_0-t'+m_ia_i-a_i\ln a_i+(a_i-1)\ln(1-a_i)+\ln t'-1}$，$t'=\frac{1}{p'_0{}^*}=\frac{1}{1-\sum_{i=1}^{n}p'_i{}^*}$。

此时，产品 i 单独销售的销量是：

$$p_i^{1*}=(1-a_i)p'_i{}^*=\frac{1-a_i}{A}W(DA) \quad (6\text{-}23)$$

产品 i 和增值服务捆绑销售的销量是：

$$p_i^{2*}=a_ip'_i{}^*=\frac{a_i}{A}W(DA) \quad (6\text{-}24)$$

由式（6-19）和式（6-22）可得产品的最优定价为：

$$r_i^{1*}=[(-4(a_i)^2+3a_i-1)\alpha_i^1-2(a_i)^2\alpha_i^2+t']\frac{1}{A}W(DA)-a_im_i+a_i\ln\left(\frac{a_i}{1-a_i}\right)+1 \quad (6\text{-}25)$$

由式（6-20）和式（6-22）可得服务的最优定价是：

$$r_i^2=m_i+\frac{[\alpha_i^1(2a_i-1)+\alpha_i^2a_i]}{A}W(DA)+\ln(1-a_i)-\ln a_i \qquad (6-26)$$

企业的最大利润由式（6-18）、式（6-23）、式（6-24）、式（6-25）和式（6-26）得：

$$\pi^*=\sum_{i=1}^{n}(r_i^1p_i^1+r_i^2p_i^2)$$

$$=\sum_{i=1}^{n}\left([t'+(2a_i-2(a_i)^2-1)\alpha_i^1-(a_i)^2\alpha_i^2]\left(\frac{1}{A}W(DA)\right)^2+\frac{1}{A}W(DA)\right) \qquad (6-27)$$

由命题6-2可得混合捆绑策略下企业的最优定价、最优市场份额和最大利润。

下面将会对混合捆绑策略下影响最优定价的因素——网络效应进行分析。

推论6-2：混合捆绑策略下，单个产品的网络效应越大，产品和增值服务的销量越大，即$\frac{\partial p^{1*}}{\partial\alpha^1}>0$，$\frac{\partial p^{2*}}{\partial\alpha^1}>0$。

证明：由式（6-22）、式（6-23）和式（6-24）得：

$$\frac{\partial p^*}{\partial\alpha^1}=-\frac{2(3a^2-3a+1)p^*}{2(3a^2-3a+1)\alpha^1+2a^2\alpha^2-\frac{1-a}{p^*(1-p^*)^2}}>0$$

$$\frac{\partial p^{1*}}{\partial\alpha^1}=-\frac{2(1-a)(3a^2-3a+1)p^*}{2(3a^2-3a+1)\alpha^1+2a^2\alpha^2-\frac{1-a}{(p^{1*}+p^{2*})(1-p^{1*}-p^{2*})^2}}>0$$

$$\frac{\partial p^{2*}}{\partial\alpha^1}=-\frac{2a(3a^2-3a+1)p^*}{2(3a^2-3a+1)\alpha^1+2a^2\alpha^2-\frac{1-a}{(p^{1*}+p^{2*})(1-p^{1*}-p^{2*})^2}}>0$$

推论6-3：混合捆绑策略下，单个产品和增值服务的网络效应越大，产品和增值服务的销量越大，即$\frac{\partial p^{1*}}{\partial\alpha^2}>0$，$\frac{\partial p^{2*}}{\partial\alpha^2}>0$。

证明：由式（6-22）、式（6-23）和式（6-24）得：

$$\frac{\partial p^{*}}{\partial \alpha^{2}}=-\frac{2a^{2}p^{*}}{2(3a^{2}-3a+1)\,\alpha^{1}+2a^{2}\alpha^{2}-\dfrac{1-a}{p^{*}(1-p^{*})^{2}}}>0$$

$$\frac{\partial p^{1*}}{\partial \alpha^{2}}=-\frac{2(1-a)a^{2}p^{*}}{2(3a^{2}-3a+1)\,\alpha^{1}+2a^{2}\alpha^{2}-\dfrac{1-a}{(p^{1*}+p^{2*})(1-p^{1*}-p^{2*})^{2}}}>0$$

$$\frac{\partial p^{2*}}{\partial \alpha^{2}}=-\frac{2a^{3}p^{*}}{2(3a^{2}-3a+1)\,\alpha^{1}+2a^{2}\alpha^{2}-\dfrac{1-a}{(p^{1*}+p^{2*})(1-p^{1*}-p^{2*})^{2}}}>0$$

推论 6-2 和推论 6-3 说明，混合捆绑策略下，单个产品和增值服务的网络效应与销量呈正相关，随着产品或增值服务的网络效应越来越小，企业可以通过提高相应的定价，进而减弱网络效应对销量的影响，提高利润。

6.3 数值仿真实验

为分析网络效应对纯捆绑策略和混合捆绑策略的影响，下面进行数值仿真实验，主要分析网络效应对最优定价、最优市场份额和最大利润的影响；并比较纯捆绑策略和混合捆绑策略下的最优定价、最优市场份额和最大利润的大小。

6.3.1 单个产品

本部分研究开发单个产品时网络效应变化对最优解的影响，并比较纯捆绑策略和混合捆绑策略下的最优定价、最优市场份额和最大利润的大小。为了便于分析，假设当一个变量变化时，其他变量保持不变，v_0 标准化为 0。

6.3.1.1 单个产品的网络效应变化

本部分分析单个产品的网络效应变化对最优解的影响，假设 $\alpha^1+\alpha^2=\alpha$，令 $\alpha=[-15, -5]$，混合捆绑策略下产品的网络效应 $\alpha^1=[-14, -4]$，增值服务的网络效应 $\alpha^2=-1$。其他的变量设置为 $\gamma=6$，$m=4$，$a=0.1$。图 6-1 和图 6-2 分别展现了最优定价、最优市场份额和最大利润随网络效应的变化情况。网络效应在不同区间变化时，为了便于比较，将最优解映射到相同区间 $[-1, 0]$。

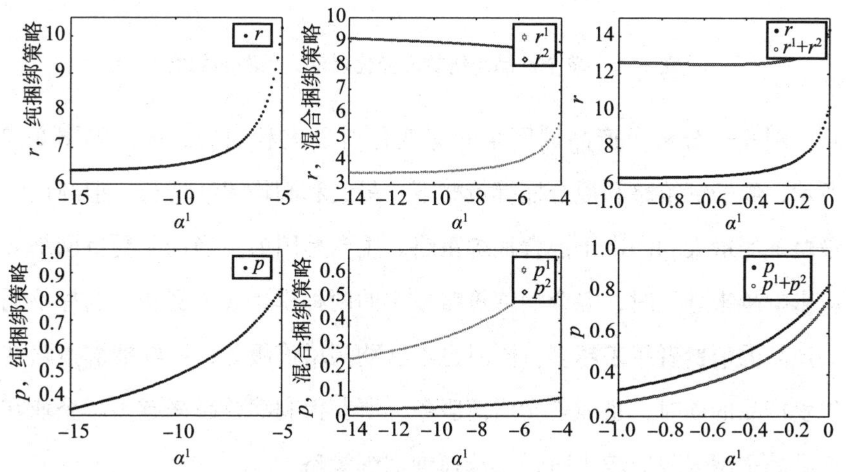

图 6-1　单个产品的网络效应变化

从图 6-1 中可以看出，纯捆绑策略下最优定价小于混合捆绑策略，但纯捆绑策略下市场份额大于混合捆绑策略，且随着负网络效应不断减小。随着产品的负网络效应逐渐减小，消费者购买产品获得的效用越来越小，销量逐渐降低，纯捆绑策略下定价逐渐降低。而混合捆绑策略下随着产品网络效应的减小，产品的销量逐渐减小，增值服务的销量也随之越来越小，当产品的负网络效应很小时，提升服务的定价可以减缓产品和增值服务的销量的下降速率。

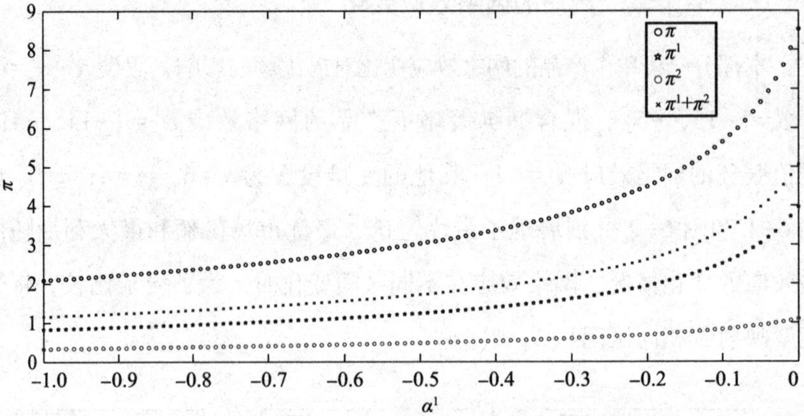

图 6-2　单个产品网络效应变化对最大利润的影响

图 6-2 分析了产品的网络效应变化对最大利润的影响。如图 6-2 所示，纯捆绑策略和混合捆绑策略下，最大利润均逐渐增长，但纯捆绑策略下的最大利润高于混合捆绑策略。主要是因为，当产品受负网络效应影响越来越大时，混合捆绑策略提供的两种模式成了劣势，选择不购买产品的消费者越来越多，同时也不会购买增值服务，而纯捆绑策略在售卖产品的同时，也能售卖增值服务，所获得利润就越来越多。企业在产品的负网络效应较小时，应选择纯捆绑策略。

6.3.1.2　单个产品增值服务的网络效应变化

本部分分析单个产品增值服务的网络效应变化对最优解的影响，假设 $\alpha^1+\alpha^2=\alpha$，令 $\alpha=[-15,\ -5]$，混合捆绑策略下产品的网络效应 $\alpha^2=[-12,\ -2]$，增值服务的网络效应 $\alpha^1=-3$。其他的变量设置为 $y=6$，$m=4$，$a=0.1$。图 6-3 和图 6-4 分别展现了最优定价、最优市场份额和最大利润随网络效应的变化情况。网络效应在不同区间变化时，为了便于比较，同样将最优解映射到相同区间 $[-1,\ 0]$。

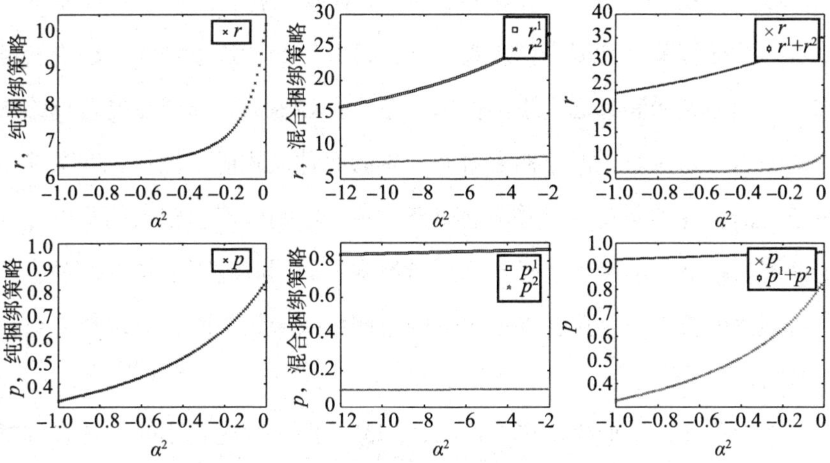

图 6-3　单个产品增值服务的网络效应变化

从图 6-3 中可以看出，随着负网络效应不断减小，混合捆绑策略时的总定价和销量均大于纯捆绑策略。随着负网络效应逐渐减小，消费者购买产品获得效用越来越小，销量逐渐降低，纯捆绑策略下定价逐渐降低。而混合捆绑策略时服务的网络效应减小，对产品本身的销量定价影响不大，产品销量的稳定一定程度上减缓了服务销量的降低，服务远远高于产品的定价也缓解了服务网络效应的影响。

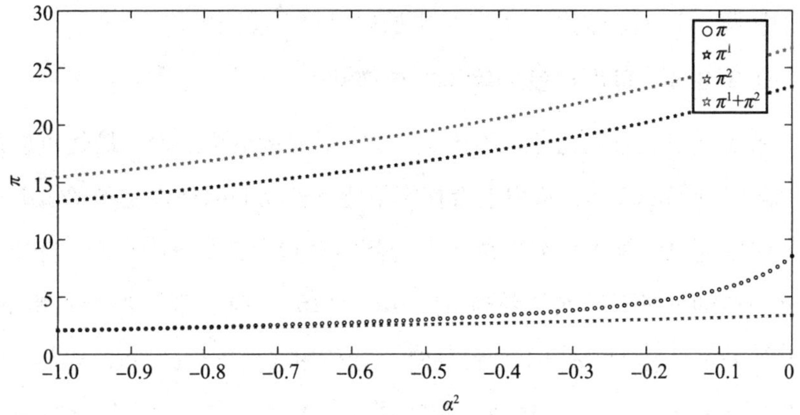

图 6-4　单个产品的服务网络效应变化对最大利润的影响

图 6-4 分析了服务的网络效应变化对最大利润的影响。如图 6-4 所示，纯捆绑策略和混合捆绑策略下，最大利润均逐渐增长，但混合捆绑策略的最大利润远远高于纯捆绑策略。主要因为，当产品受负网络效应影响越来越大时，混合捆绑策略提供的两种模式成了优势，购买增值服务的消费者越来越少，并不会对产品本身的销量产生较大的影响。而纯捆绑策略下，消费者选择不购买增值服务的同时就不会购买产品，所获得利润就较少。企业在增值服务的负网络效应较小时，应选择混合捆绑策略。

综上可知，企业生产单个产品，产品的网络效应较小时，选择纯捆绑策略可以使企业获得较大的利润；随着顾客不断购买服务，服务的负网络效应随之减小，此时选择混合捆绑策略能获得较大的利润。下面将研究开发异质产品时，网络效应变化对最优解的影响。

6.3.2 异质产品

本部分研究开发异质产品时不同参数变化对最优解的影响，不失一般性，假定企业仅开发两个异质产品和增值服务投入市场。为了便于说明，研究某一参数时，假设两个产品的参数在相同区间变化，其他变量保持异质。

6.3.2.1 异质产品的网络效应变化

考虑网络效应变化对企业开发异质产品时的最优定价、最优市场份额和最大利润的影响，假设混合捆绑策略下产品的网络效应和增值服务的网络效应之和等于纯策略捆绑下的网络效应，即 $\alpha_i^1+\alpha_i^2=\alpha_i$。两个产品在纯捆绑策略下的网络效应 $\alpha_1=\alpha_2=[-16,\ -6]$；混合捆绑策略下，产品的网络效应 $\alpha_1^1=\alpha_2^1=[-15,\ -5]$，增值服务的网络效应 $\alpha_1^2=\alpha_2^2=-1$；产品质量 $y_1=5$，$y_2=3$，增值服务质量 $m_1=4$，$m_2=2$；混合捆绑策略下同时购买产品和增值服务的顾客在所有购买产品的顾客中所占比例

$a_1=0.1$，$a_2=0.1$。最优定价、最优市场份额和最大利润随网络效应的变化情况如图 6-5 和图 6-6 所示。

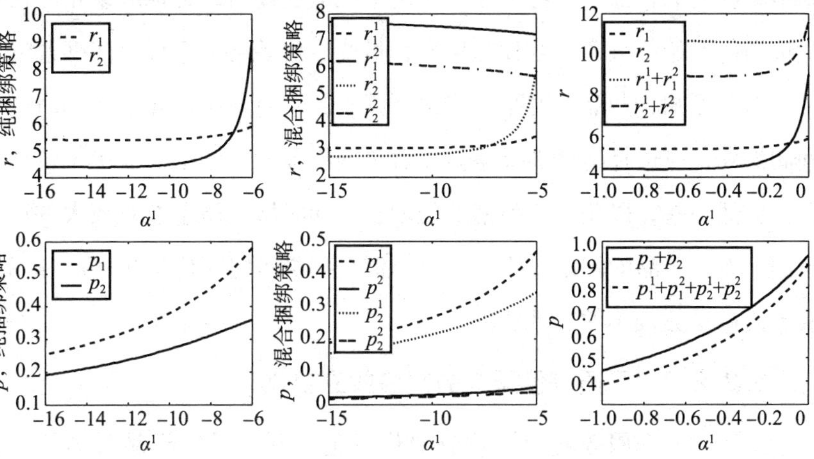

图 6-5　异质产品的网络效应变化

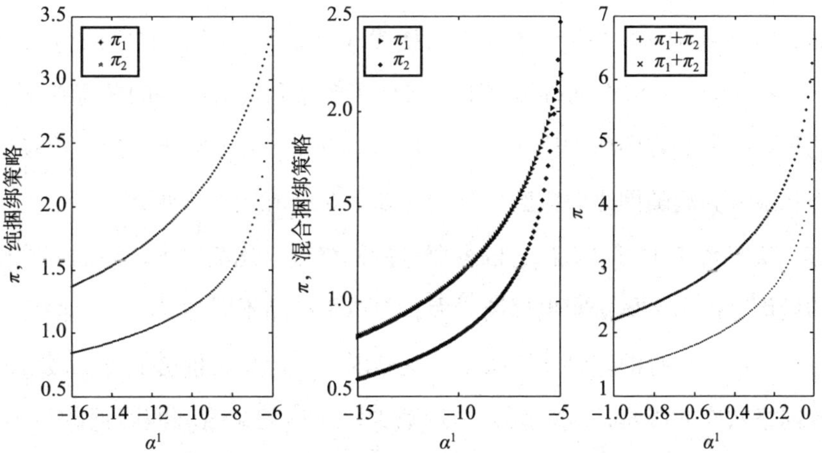

图 6-6　异质产品的网络效应变化对最大利润的影响

从图 6-5 中可以看出，随着网络效应逐渐增大，纯捆绑策略下的最优定价逐渐增大；混合捆绑策略下，当产品的网络效应增大时，产品的最优定价逐渐增大，这与单个产品时相同，都是因为随着产品的网络效应逐渐减小，对最优市场份额的影响越来越大，此时需要不断降低定价刺激销量增长，而增值服务的网络效应保持不变，定价逐渐增大，以达到增大利润的目的。对比来看，当网络效应变化时，纯捆绑策略下的最优市场份额始终大于混合捆绑策略，最优定价始终小于混合捆绑策略。

综上可知，产品的网络效应逐渐减小时，企业生产异质产品时要使利润最大，应选择纯捆绑策略。随着负网络效应的减小，最优定价应设置得较低一些，以刺激产品销量的增长，同时增大质量参数较大的产品比例。而当产品的网络效应较小时，混合捆绑策略下应扩大产品和增值服务质量参数较小的产品比例。

6.3.2.2 异质增值服务的网络效应变化

最后，考虑服务的网络效应变化对企业开发异质产品时的最优定价、最优市场份额和最大利润的影响，两个产品在纯捆绑策略下的网络效应 $\alpha_1=\alpha_2=[-16, -6]$；增值服务的网络效应 $\alpha_1^2=\alpha_2^2=[-10, 0]$，产品的网络效应 $\alpha_1^1=\alpha_2^1=-6$；产品质量 $y_1=5$，$y_2=3$，增值服务质量 $m_1=4$，$m_2=2$；混合捆绑策略下同时购买产品和增值服务的顾客在所有购买产品的顾客中所占比例 $a_1=0.1$，$a_2=0.1$。最优定价、最优市场份额和最大利润随网络效应的变化情况如图 6-7 和图 6-8 所示。

从图 6-7 中可以看出，随着服务的网络效应逐渐增大，纯捆绑策略的最优定价和市场份额也逐渐增大；与单个产品不同的是，混合捆绑策略下，产品自身的定价逐渐减小，这是因为，产品定价增加可以缓解服务网络效应的影响，减缓服务销量减少，以达到减缓利润降低的目的。对比来看，网络效应增大时，纯捆绑策略的最优定价始终大于混合捆绑策略，市场份额一开始小于混合捆绑策略，后大于混合捆绑策略。

从图 6-8 中可知，服务的网络效应较小时，混合捆绑策略的利润高于纯捆绑策略，随着网络效应逐渐增大，纯捆绑策略的利润优于混合捆绑策略。综上可知，服务的负网络效应逐渐减小，服务的最优价格也要逐渐减小，才能保证企业的利润不断增长。网络效应较小时，应选择混合捆绑策略，且服务的网络效应在相同范围内变化时，应增大产品质量和服务质量较大的产品比例。

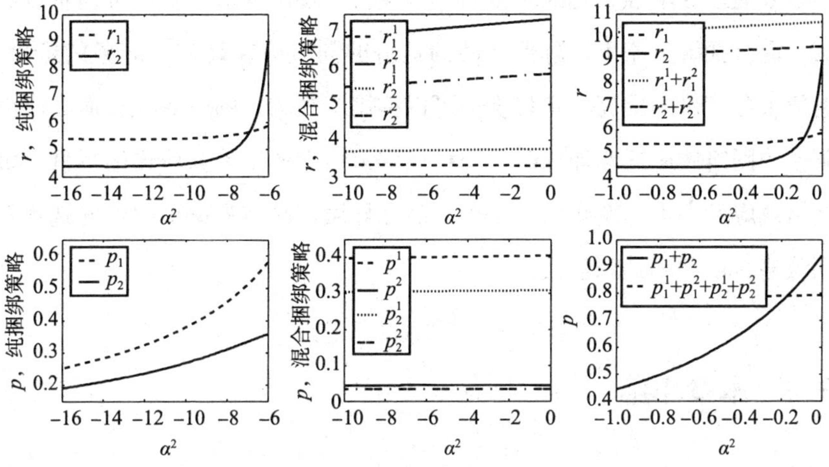

图 6-7　异质产品增值服务的网络效应变化

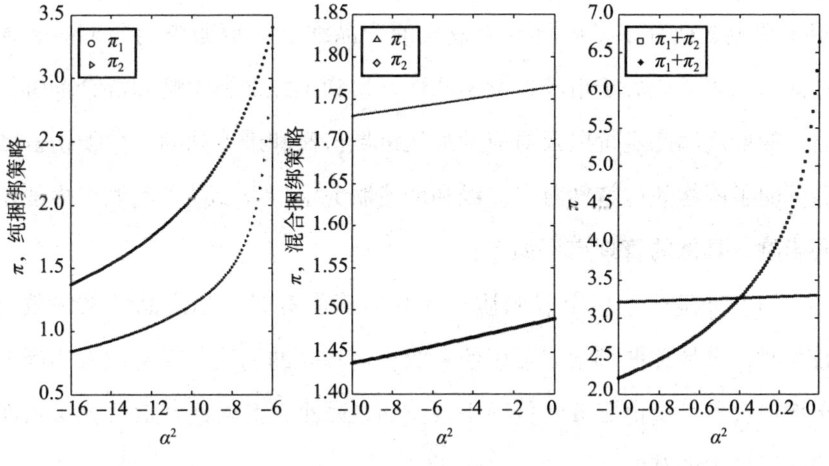

图 6-8　异质产品服务的网络效应变化对最大利润的影响

综上可知，网络效应变化会对产品和增值服务的最优定价、最优市场份额和最大利润产生不同影响。新产品和增值服务推出市场后，随着消费者不断购买，负网络效应不断增强，两种捆绑策略下的市场份额都逐渐减小，但企业需对不同策略下的定价做出不同调整，以使利润达到最大。企业推出产品和增值服务后，购买产品的消费者增多，产品的负网络效应逐渐增强，纯捆绑策略下，定价应逐渐降低，以促进消费者购买，混合捆绑策略下，降低产品的定价的同时应提高增值服务的定价，增值服务定价的提高一定程度上可以抑制产品的负网络效应；而当增值服务的网络效应逐渐加深时，两种捆绑策略下的定价都应逐渐降低。负网络效应发生不同变化时，单个产品和异质产品应根据不同情况选择不同策略，使利润达到最大。

6.4 本章小结

随着移动互联技术的快速发展，以共享经济为代表的新兴商业模式崛起，网络效应对产品线和增值服务定价的影响日益增大。本章基于MNL模型，研究了考虑负网络效应的产品线和增值服务定价问题，通过证明利润函数关于市场份额的凹性，得到了纯捆绑策略和混合捆绑策略下的最优动态定价以及对应的最优市场份额和最大利润。数值仿真实验阐明了网络效应特性对产品线和增值服务定价以及最大利润产生的不同影响。具体的管理启示如下：

（1）企业生产单个或同质产品和增值服务时，当产品的网络效应较小时，选择纯捆绑策略可以使企业获得较大的利润；随着顾客不断购买增值服务，增值服务的负网络效应随之减小，此时选择混合捆绑策略能获得较大的利润。

（2）企业生产异质产品和增值服务时，当产品的网络效应逐渐减小时，企业生产异质产品时要使利润最大，应选择纯捆绑策略。随着负网络效应减小，最优定价应设置得较低一些，刺激产品销量的增长，同时增大质量参数较大的产品比例；当增值服务的负网络效应逐渐减小时，增值服务的最优价格也要逐渐减小，如此才能保证企业的利润不断增长。当网络效应较大时，企业应选择混合捆绑策略，当网络效应在相同范围内变化时，企业应增大产品质量和增值服务质量参数较大的产品比例。

第7章

结论与展望

7.1 研究结论

互联网的普及孕育出一批电商企业，其凭借信息公开化、不受地域限制等特征逐渐取代实体经济成为主流商业模式。同时，电商平台蕴藏的丰富数据资源在为消费者提供决策参考的同时，也增加了消费者的决策困难，促使消费者行为多样化和复杂化，为在线零售商的产品定价决策提出新的挑战。

基于此，本研究从消费者的视角出发，考虑消费者被产品价格、销量、在线评论等多因素锚定做出有限理性行为的现实问题，借助离散选择模型、产品定价模型、锚定—调整启发法、贝叶斯理论、机器学习和深度学习等理论基础和技术手段，建立在线零售商的产品静态和动态定价模型，分析多因素锚定效应对消费者行为和产品定价策略的影响机制，为在线零售商数据驱动下的产品定价决策和运营管理提供理论基础和决策支持。本书的主要结论如下：

(1) 考虑消费者的损失规避心理，在线零售商需要平衡定价过高带来的效用减少和定价过低带来的利润损失。针对不同类别的产品，在线零售商应采取不同的定价策略和营销模式，以适应竞争激烈的市场。特别地，当产品具备物美价廉、款式大众等特征时，在线零售商应该利用限时促销、限时抢购等活动进行适当的降价，间接减小消费者对价格的锚定程度。该类产品切忌盲目打折，该行为将导致消费者感知效用降低。此外，当产品具备成本低、价格偏高、新颖、符合大众需求等特征时，在线零售商应该薄利多销，借机占领市场，以提高产品竞争力。

（2）预售活动在为在线零售商带来“巨大流量”的同时，也在平台运营规则的制约下为在线零售商提出了一个新的挑战。在线上购买过程中，支付方式和预售模式对消费者行为和产品定价具有重要的影响。基于两阶段混合预售模式，考虑支付痛苦钝化对消费者购买心理的影响，建立相应的产品定价模型，得到了在线产品的最优预售价格、最优销量和最大利润，分析了支付痛苦钝化对消费者行为和在线产品最优定价的影响机制。理论和数值仿真分析表明，两阶段混合预售模式更有利于在线零售商利润最大化；受支付痛苦钝化影响，折扣预售并不一定是产品最优选择策略，支付痛苦钝化因子是影响产品预售策略的重要因素。平台经济下，两阶段混合预售模式不仅有利于提供产品价格，还能提高在线零售商的销量和利润。当在线零售商展开两阶段预售时，相比定价低的产品，定价高的产品应该将订金比例设置在一个较小的合理范围内。在两阶段混合预售模式下，产品并不总是适合折扣预售，针对产品特性和潜在顾客特征，当顾客群体支付痛苦钝化程度较高时，溢价预售能够为在线零售商带来更大的销量和利润。支付痛苦钝化能够降低需求价格弹性；预售期供货量的限制一在定程度上将对在线零售商的销量和利润产生负面影响。对平台在线零售商有两点启示：一是要充分重视支付模式和预售策略对消费者感知效用的影响，合理运用消费者的行为特征进行产品定价；二是要正确认识产品特性，精确预测潜在消费者属性，从而制定差异化定价策略。

（3）MNL 模型被广泛用来模拟顾客的选择行为，基于 MNL 模型研究产品线动态定价问题。与之前大部分文献不同的是，这部分考虑了网络效应影响下产品线的动态定价，并通过稳健优化研究产品线动态定价的最大、最小利润问题。在模型求解部分，分别获得了单个产品、同质产品和异质产品动态定价的解析解。通过数值仿真实验，首先描述了网络效应参数对最优解的变化影响；其次分析了产品线定价中考虑网络效应的重要性；最后，为了验证该模型的适用性，在网络效应参数估计存在误差时，测试了最优解的稳健性。

（4）在产品线定价的基础上，同样基于MNL模型，研究了考虑负网络效应的产品线和增值服务定价问题，通过证明利润函数关于市场份额的凹性，得到了纯捆绑策略和混合捆绑策略下的最优定价以及对应的最优市场份额和最大利润。数值仿真实验阐明了网络效应特性对产品线和增值服务定价以及最大利润产生的不同影响。这些结果将更好地指导企业的生产实践。

7.2 研究展望

从消费实际出发，利用锚定—调整启发法刻画消费者选择行为，借助离散选择模型、产品定价模型、贝叶斯理论、机器学习和深度学习理论基础和技术手段，丰富了在线零售商产品静态和动态定价研究方法。然而，一方面，受个体差异，如个性、社会地位、收入结构等因素影响，异质消费群体被锚定的因素和程度不同。另一方面，电子商务突破地域限制，吸引了一大批企业入驻，加剧了同质产品间的竞争。鉴于研究周期和研究能力的限制，本书暂未对其展开研究，且未考虑锚定值的形成机制，并假设消费者遵循贝叶斯原理进行认知学习。在未来的研究中，应从异质顾客的锚定行为、锚点形成机理和认知学习过程等角度出发，结合行为经济学、心理学、博弈论和深度学习相关理论，进一步分析竞争环境下的产品定价与营销策略优化问题。

基于产品线和增值服务视角，从顾客选择行为出发，分析产品线和多种增值服务定价的相关问题，并得到一些具有管理意义的结果。然而，企业的经营环境多变，产品线自身和增值服务设计问题复杂，因此，仍有很多的研究工作需要进一步展开和探索，一方面，本书仅考虑了垄断企业的产品线和增值服务定价问题，而对于寡头或者其他竞争市场，基于其他顾客选择模型（例如 MMM 模式、NL 模式），对于增值服务定价问题是需要进一步研究的；另一方面，仅采用数值仿真阐明不同参数对最优解的影响，尚未更进一步通过其他手段获得真实数据加以佐证。在未来的研究中，将更进一步探索其他的可以更好地模拟顾客选择行为的模型，并将其应用到产品线和增值服务定价问题中，帮助企业中的管理者更好地设计产品和增值服务，以获得最大利润。

参考文献

[1] TVERSKY A, KAHNEMAN D. Judgment under Uncertainty: Heuristics and Biases [J]. Science, 1974, 185 (4157): 1124–1131.

[2] HAN S, FU Y, CAO B, et al. Pricing and bargaining strategy of e-retail under hybrid operational patterns [J]. Annals of Operations Research, 2016, 270 (1–2): 179–200.

[3] WANG S, CHEN H, WU D. Regulating platform competition in two-sided markets under the O2O era [J]. International Journal of Production Economics, 2019 (215): 131–143.

[4] ZHANG J, CHIANG W-Y K. Durable goods pricing with reference price effects [J]. Omega, 2020, 91.

[5] HE Q-C, CHEN Y-J. Dynamic pricing of electronic products with consumer reviews [J]. Omega, 2018, 80: 123–34.

[6] ZHANG M, ZHANG J, CHENG T C E, et al. Why and how do branders sell new products on flash sale platforms? [J]. European Journal of Operational Research, 2018, 270 (1): 337–51.

[7] CHEN K, ZHA Y, ALWAN L C, et al. Dynamic pricing in the presence of reference price effect and consumer strategic behaviour [J]. International Journal of Production Research, 2020, 58 (2): 546–561.

[8] FENG B, MAO Z, LI H. Choices for competing service providers with heterogeneous customers: Traditional versus opaque sales modes [J].

Omega, 2021, 98.

[9] NASIRY J, POPESCU I. Dynamic Pricing with Loss-Averse Consumers and Peak-End Anchoring [J]. Operations Research, 2011, 59 (6): 1361-1368.

[10] TALEIZADEH A A, AKHAVIZADEGAN F, ANSARIFAR J. Pricing and quality level decisions of substitutable products in online and traditional selling channels: game-theoretical approaches [J]. International Transactions in Operational Research, 2017, 26 (5): 1718-1751.

[11] LIANG L, TIAN L, XIE J, et al. Optimal pricing model of car-sharing: market pricing or platform pricing [J]. Industrial Management & Data Systems, 2021, 121 (3): 594-612.

[12] TANG Y, SONG Y, XU C, et al. Optimal pricing and ordering policies with different patience levels of consumer [J]. Industrial Management & Data Systems, 2021, 121 (2): 436-455.

[13] WANG H, GUAN Z, DONG D, et al. Optimal pricing strategy with disappointment-aversion and elation-seeking consumers: compared to price commitment [J]. International transactions in operational research 2021, 28 (5): 2810-2840.

[14] LI Y, LI X, ZHANG S. Optimal pricing of customized bus services and ride-sharing based on a competitive game model [J]. Omega, 2021, 103.

[15] TAMANNAEI M, ZAREI H, AMINZADEGAN S. A Game-Theoretic Approach to the Freight Transportation Pricing Problem in the Presence of Intermodal Service Providers in a Competitive Market [J]. Networks and Spatial Economics, 2021, 21 (1): 123-73.

[16] NAGESWARAN L, CHO S-H, SCHELLER-WOLF A.

Consumer Return Policies in Omnichannel Operations [J]. Management Science, 2020, 66 (12): 5558-5575.

[17] ŞEREF M M H, CARRILLO J E, YENIPAZARLI A. Multi-generation pricing and timing decisions in new product development [J]. International Journal of Production Research, 2015, 54 (7): 1919-1937.

[18] POPESCU I, WU Y. Dynamic Pricing Strategies with Reference Effects [J]. Operations Research, 2007, 55 (3): 413-429.

[19] YANG L, TANG R. Comparisons of sales modes for a fresh product supply chain with freshness-keeping effort [J]. Transportation Research Part E: Logistics and Transportation Review, 2019, 125: 425-448.

[20] MA Q, SHOU B, HUANG J, et al. Monopoly Pricing with Participation - Dependent Social Learning About Quality of Service [J]. Production and Operations Management, 2021.

[21] WANG Q, ZHAO N, WU J, et al. Optimal pricing and inventory policies with reference price effect and loss-Averse customers [J]. Omega, 2021, 99.

[22] COHEN M C, LOBEL I, PAES LEME R. Feature - Based Dynamic Pricing [J]. Management Science, 2020, 66 (11): 4921-4943.

[23] WU X, GONG Y, XU H, et al. Dynamic lot-sizing models with pricing for new products [J]. European Journal of Operational Research, 2017, 260 (1): 81-92.

[24] YE S, AYDIN G, HU S. Sponsored Search Marketing: Dynamic Pricing and Advertising for an Online Retailer [J]. Management Science, 2015, 61 (6): 1255-1274.

[25] LIU G, SETHI S P, ZHANG J. Myopic vs. far - sighted behaviours in a revenue-sharing supply chain with reference quality effects

[J]. International Journal of Production Research, 2015, 54 (5): 1334-1357.

[26] LIU Y, COOPER W L, WANG Z. Information Provision and Pricing in the Presence of Consumer Search Costs [J]. Production and Operations Management, 2019, 28 (7): 1603-1620.

[27] LU L, GOU Q, TANG W, et al. Joint pricing and advertising strategy with reference price effect [J]. International Journal of Production Research, 2016, 54 (17): 5250-5270.

[28] 刘海英，毕文杰．考虑消费者参照效应与策略行为的多产品动态定价［J］．中国管理科学，2022 (1): 136-142.

[29] MEHRA A, SAJEESH S, VOLETI S. Impact of Reference Prices on Product Positioning and Profits [J]. Production and Operations Management, 2020, 29 (4): 882-892.

[30] ZHANG D J, DAI H, DONG L, et al. The Long-term and Spillover Effects of Price Promotions on Retailing Platforms: Evidence from a Large Randomized Experiment on Alibaba [J]. Management Science, 2020, 66 (6): 2589-2609.

[31] 万晓榆，王葶亦，吴继飞，等．电商平台销量信息对消费者注意力及产品选择的影响［J］．管理学报，2018，15 (6): 884-892.

[32] DELLAROCAS C. The digitization of word of mouth: Promise and challenges of online feedback mechanisms [J]. Management Science, 2003, 49 (10): 1407-1424.

[33] YE Q, CHENG Z, FANG B. Learning from other buyers: The effect of purchase history records in online marketplaces [J]. Decision Support Systems, 2013 (56): 502-512.

[34] ZHAO J, HOU X, GUO Y, et al. Pricing policies for comple-

mentary products in a dual-channel supply chain [J]. Applied Mathematical Modelling, 2017 (49): 437-451.

[35] CHENG Y, LI H, THORSTENSON A. Advance selling with double marketing efforts in a newsvendor framework [J]. Computers & Industrial Engineering, 2018 (118): 352-365.

[36] 王宣涛，周国林，张玉林．考虑策略型消费者损失厌恶下的新产品预售与退货策略研究 [J]．系统工程理论与实践，2019 (39): 1479-1486.

[37] TANG C S, RAJARAM K, ALPTEKINOGLU A, et al. The Benefits of Advance Booking Discount Programs: Model and Analysis [J]. Management Science, 2004, 50 (4): 465-78.

[38] 计国君，孙忠锋，杨光勇，等．基于消费者参照价格效应的限量预售策略研究 [J]．管理工程学报，2021，35 (4): 178-89.

[39] QI W, LUO X, LIU X, et al. Product Line Pricing under Marginal Moment Model with Network Effect [J]. Complexity, 2019 (2019): 1-13.

[40] AGRAWAL S, AVADHANULA V, GOYAL V, et al. MNL-Bandit: A Dynamic Learning Approach to Assortment Selection [J]. Operations Research, 2019, 67 (5): 1453-1485.

[41] SHAN L, DIAO H, WU L. Influence of the Framing Effect, Anchoring Effect, and Knowledge on Consumers' Attitude and Purchase Intention of Organic Food [J]. Front Psychol, 2020 (11): 2022.

[42] ZHA Y, ZHANG L, XU C, et al. A two-period pricing model with intertemporal and horizontal reference price effects [J]. International Transactions in Operational Research, 2018, 28 (3): 1417-1440.

[43] CAO Y, DUAN Y. Joint pricing and quality decision model under

stochastic reference quality effect [J]. International Transactions in Operational Research, 2020, 28 (5): 2581-2606.

[44] YAN X, HAN X. Optimal pricing and remanufacturing entry strategies of manufacturers in the presence of online reviews [J]. Annals of Operations Research, 2021, 316 (1): 59-92.

[45] LIANG C-C, LIANG W-Y, TSENG T-L. Evaluation of intelligent agents in consumer-to-business e-Commerce [J]. Computer Standards & Interfaces, 2019 (65): 122-131.

[46] LIU M, BI W, CHEN X, et al. Dynamic Pricing of Fashion-Like Multiproducts with Customers' Reference Effect and Limited Memory [J]. Mathematical Problems in Engineering, 2014 (2014): 1-10.

[47] COHEN M C, GUPTA S, KALAS J J, et al. An Efficient Algorithm for Dynamic Pricing Using a Graphical Representation [J]. Production and Operations Management, 2020, 29 (10): 2326-2349.

[48] BOYACI T, ÖZER Ö. Information Acquisition for Capacity Planning via Pricing and Advance Selling: When to Stop and Act? [J]. Operations Research, 2010, 58 (5): 1328-1349.

[49] CUI R, LI M, LI Q. Value of High-Quality Logistics: Evidence from a Clash Between SF Express and Alibaba [J]. Management Science, 2020, 66 (9): 3879-3902.

[50] FISHER M, GALLINO S, LI J. Competition-Based Dynamic Pricing in Online Retailing: A Methodology Validated with Field Experiments [J]. Management Science, 2018, 64 (6): 2496-2514.

[51] BA S, JIN Y, LI X, et al. One Size Fits All? The Differential Impact of Online Reviews and Coupons [J]. Production and Operations Management, 2020, 29 (10): 2403-2424.

[52] ABBEY J D, BLACKBURN J D, GUIDE V D R. Optimal pricing for new and remanufactured products [J]. Journal of Operations Management, 2015, 36 (1): 130-146.

[53] MA P, GONG Y, MIRCHANDANI P. Trade-in for remanufactured products: Pricing with double reference effects [J]. International Journal of Production Economics, 2020, 230.

[54] 尹鹏，丁栋虹，豆国威．视频平台用户生成内容投资和定价决策[J]. 管理科学学报，2020，23（10）：116-126.

[55] 林徐勋，王海燕．在线健康信息服务动态定价与推广策略[J]. 管理科学学报，2020，23（11）：23-46.

[56] MISHRA B K, PRASAD A, SRINIVASAN D, et al. Pricing and capacity planning for product-line expansion and reduction [J]. International Journal of Production Research, 2017, 55 (18): 5502-5519.

[57] PAPANASTASIOU Y, SAVVA N. Dynamic Pricing in the Presence of Social Learning and Strategic Consumers [J]. Management Science, 2017, 63 (4): 919-939.

[58] DEGLISE-HAWKINSON J, HELM J E, HUSCHKA T, et al. A Capacity Allocation Planning Model for Integrated Care and Access Management [J]. Prod Oper Manag, 2018, 27 (12): 2270-2290.

[59] JIANG B, YANG B. Quality and Pricing Decisions in a Market with Consumer Information Sharing [J]. Management Science, 2019, 65 (1): 272-285.

[60] KRAUS U G, YANO C A. Product line selection and pricing under a share-of-surplus choice model [J]. European Journal of Operational Research, 2003, 150 (3): 653-671.

[61] BURKART W R, KLEIN R, MAYER S. Product line pricing for

services with capacity constraints and dynamic substitution [J]. European Journal of Operational Research, 2012, 219 (2): 347-359.

[62] BECHLER G, STEINHARDT C, MACKERT J, et al. Product line optimization in the presence of preferences for compromise alternatives [J]. European Journal of Operational Research, 2021, 288 (3): 902-917.

[63] LI H, HUH W T. Pricing Multiple Products with the Multinomial Logit and Nested Logit Models: Concavity and Implications [J]. M&Som-Manufacturing & Service Operations Management, 2011, 13 (4): 549-563.

[64] LI H, WEBSTER S, YU G. Product Design Under Multinomial Logit Choices: Optimization of Quality and Prices in an Evolving Product Line [J]. M&Som-Manufacturing & Service Operations Management, 2020, 22 (5): 1011-1025.

[65] DONG L, KOUVELIS P, TIAN Z. Dynamic Pricing and Inventory Control of Substitute Products [J]. M&Som-Manufacturing & Service Operations Management, 2009, 11 (2): 317-339.

[66] KOCH S, KLEIN R. Route-based approximate dynamic programming for dynamic pricing in attended home delivery [J]. European Journal of Operational Research, 2020, 287 (2): 633-652.

[67] AYDIN R, BADURDEEN F. Sustainable product line design considering a multi-lifecycle approach [J]. Resources Conservation and Recycling, 2019 (149): 727-737.

[68] GOLREZAEI N, NAZERZADEH H, RANDHAWA R S. Dynamic Pricing for Heterogeneous Time-Sensitive Customers [J]. M&Som-Manufacturing & Service Operations Management, 2020, 22 (3): 562-581.

[69] DU C, COOPER W L, WANG Z. Optimal Pricing for a Multinomial Logit Choice Model with Network Effects [J]. Operations Research,

2016, 64 (2): 441-455.

[70] 刘晓峰, 黄沛, 杨雄峰. 具有网络外部性的双寡头市场的动态定价策略 [J]. 中国管理科学, 2007, 15 (1): 94-98.

[71] WU T, ZHANG M B, TIAN X, et al. Spatial differentiation and network externality in pricing mechanism of online car hailing platform [J]. International Journal of Production Economics, 2020 (219): 275-283.

[72] MARAND A J, LI H, THORSTENSON A. Joint inventory control and pricing in a service-inventory system [J]. International Journal of Production Economics, 2019 (209): 78-91.

[73] SCHULTE B, PIBERNIK R. Profitability of Service-Level-Based Price Differentiation with Inventory Rationing [J]. Production Operations Management, 2017, 26 (5): 903-923.

[74] ETTL M, HARSHA P, PAPUSH A, et al. A Data-Driven Approach to Personalized Bundle Pricing and Recommendation [J]. M&Som-Manufacturing & Service Operations Management, 2020, 22 (3): 461-480.

[75] TONG C, RAJAGOPALAN S. Pricing and Operational Performance in Discretionary Services [J]. Production and Operations Management, 2014, 23 (4): 689-703.

[76] MOOKHERJEE R, FRIESZ T L. Pricing, Allocation, and Overbooking in Dynamic Service Network Competition When Demand Is Uncertain [J]. Production Operations Management, 2010, 17 (4): 455-474.

[77] LI Y M, LEE Y L. Pricing peer-produced services: Quality, capacity, and competition issues [J]. European Journal of Operational Research, 2010, 207 (3): 1658-1668.

[78] LIU X Y. De-targeting to signal quality [J]. International Journal of Research in Marketing, 2020, 37 (2): 386-404.

[79] CHENAVAZ R Y, FEICHTINGER G, HARTL R F, et al. Modeling the impact of product quality on dynamic pricing and advertising policies [J]. European Journal of Operational Research, 2020, 284 (3): 990-1001.

[80] PARK H, LALWANI A K, SILVERA D H. The Impact of Resource Scarcity on Price-Quality Judgments [J]. Journal of Consumer Research, 2020, 46 (6): 1110-1124.

[81] YU Y G, WANG Y J, LIU Y. Product quality and quantity with responsive pricing [J]. International Journal of Production Research, 2021, 59 (23): 7160-7178.

[82] XU B, YAO Z, WU S Y. Pricing strategies for a bundled channel with services network effects [J]. International Journal of Production Research, 2021, 59 (10): 3152-3168.

[83] KONG X, KONG D, YAO J, et al. Online pricing of demand response based on long short-term memory and reinforcement learning [J]. Applied Energy, 2020, 271.

[84] VITHARANA P, BASU A J I. Examining end users' ability to select business services: A conceptual framework and an empirical study [J]. Information and Management, 2019.

[85] 梁喜，肖金凤．基于区块链和消费者敏感的双渠道供应链定价与渠道选择［J/OL］．中国管理科学，(2021-06-11)［2022-10-16］. http://doi.org/10.16381/j.cnki.issn1003-207x.2020.1755.

[86] CHEN L, NAN G, LI M. Wholesale Pricing or Agency Pricing on Online Retail Platforms: The Effects of Customer Loyalty [J]. Int J Electron Commer, 2018, 22 (4): 576-608.

[87] GENG X, TAN Y R, WEI L. How Add-on Pricing Interacts with

Distribution Contracts [J]. Production and Operations Management, 2018, 27 (4): 605-623.

[88] 郭燕, 吴价宝, 王崇, 等. 多渠道零售环境下消费者渠道选择意愿形成机理研究——产品类别特征的调节作用 [J]. 中国管理科学, 2018, 26 (9): 158-169.

[89] 牛志勇, 黄沛, 王军. 公平偏好下多渠道零售商线上线下同价策略选择分析 [J]. 中国管理科学, 2017, 25 (3): 147-155.

[90] CAMBRA-FIERRO J, KAMAKURA W A, MELERO-POLO I, et al. Are multichannel customers really more valuable? An analysis of banking services [J]. International Journal of Research in Marketing, 2016, 33 (1): 208-212.

[91] 王丽丽, 赵炳新, D. NEBENZAH. 网络视角的风险与时尚对消费者信息搜索行为影响研究 [Z]. 中国管理科学, 2016, 24 (11): 137-145.

[92] WANG J, LEE A. The role of regulatory focus in preference construction [J]. Journal of Marketing Research, 2006, 43 (1): 28-38.

[93] HIGGINS E. Beyond pleasure and pain [J]. American Psychologist, 1997, 52 (12): 1280-1300.

[94] HIGGINS E T. Value from hedonic experience and engagement [J]. Psychol Rev, 2006, 113 (3): 439-460.

[95] ZHENG X, LEE M, CHEUNG C M K. Examining e-loyalty towards online shopping platforms [J]. Internet Research, 2017, 27 (3): 709-726.

[96] SONG Y, WEI PHANG C, YANG S, et al. The Effectiveness of Contextual Competitive Targeting in Conjunction with Promotional Incentives [J]. Int J Electron Commer, 2018, 22 (3): 349-385.

[97] GUTT D, NEUMANN J, ZIMMERMANN S, et al. Design of review systems-A strategic instrument to shape online reviewing behavior and economic outcomes [J]. The Journal of Strategic Information Systems, 2019, 28 (2): 104-117.

[98] 王叶峰, 田中俊, 谢家平. 基于策略型消费者的预售退货策略研究 [J]. 管理工程学报, 2020, 34 (1): 79-85.

[99] THALER R H. Mental Accounting and Consumer Choice [J]. Marketing Science, 2008 (27): 15-25.

[100] PRELEC D, LOEWENSTEIN G. The red and the black: Mental accounting of savings and debt [J]. Marketing science, 1998, 17 (1): 4-28.

[101] 毕文杰, 陈根宇, 陈晓红. 考虑消费者双通道心理账户和参照依赖的动态定价问题研究 [J]. 中国管理科学, 2015, 23 (7): 142-151.

[102] BAUCELLS M, HWANG W. A model of mental accounting and reference price adaptation [J]. Management Science, 2017, 63 (12): 4201-4218.

[103] H. L. Bandwagon, Snob, and Veblen. Effects in the Theory of Consumers' Demand [J]. Quarterly Journal of Economics, 1950, 64 (2): 183-207.

[104] ZHANG Y, CHEN Y J. Optimal Nonlinear Pricing in Social Networks Under Asymmetric Network Information [J]. Operations Research, 2020, 68 (3): 818-833.

[105] FRANCIS B, NICOLAS. Pricing in social networks [J]. Games and Economic Behavior, 2013 (80): 243-261.

[106] OZAN C, KOSTAS B, ASUMAN O. Optimal Pricing in

Networks with Externalities [J]. Operations Research, 2012, 60 (4): 883-905.

[107] ZHANG Z, NAN G, LI M, et al. Duopoly Pricing Strategy for Information Products with Premium Service: Free Product or Bundling? [J]. Journal of Management Information Systems, 2016, 33 (1): 260-295.

[108] BERNARD B, JEAN-PHILIPPE L. Dynamic monopoly pricing with network externalities [J]. International Journal of Industrial Organization, 1996, 14 (6): 837-855.

[109] SUN B, XIE J, CAO H H. Product Strategy for Innovators in Markets with Network Effects [J]. Marketing Science, 2004, 23 (2): 243-254.

[110] QI W, LUO X, LIU X, et al. Product Line Pricing under Marginal Moment Model with Network Effect [J]. Complexity, 2019, 2019.

[111] ASVANUND A, CLAY K, KRISHNAN R, et al. An Empirical Analysis of Network Externalities in Peer-to-Peer Music-Sharing Networks [J]. Information Systems Research, 2004, 15 (2): 155-174.

[112] HARVIAINEN J T, OJASALO J, KUMAR S N. Customer preferences in mobile game pricing: a service design based case study [J]. Electron Mark, 2018, 28 (2): 191-203.

[113] CHENG H K, TANG Q C. Free trial or no free trial: Optimal software product design with network effects [J]. European Journal of Operational Research, 2010, 205 (2): 437-447.

[114] WANG R X, WANG Z Z. Consumer Choice Models with Endogenous Network Effects [J]. Management Science, 2017, 63 (11): 3944-3960.

[115] 王春苹，南国芳，李敏强，等．寡头市场信息产品与服务的

最优定价策略［J］. 管理科学学报，2016，19（3）：92-106.

［116］傅瑜. 网络规模、多元化与双边市场战略——网络效应下平台竞争策略研究综述［J］. 科技管理研究，2013，33（6）：192-196.

［117］赵保国，余宙婷. 基于网络效应的竞争性产品微观扩散研究［J］. 管理科学学报，2013，16（9）：33-43.

［118］顾吉锋. 双边市场视角下的银行卡市场交叉网络外部性研究——来自嘉兴市银行卡产业的经验证据［J］. 会计师，2018（22）：70-72.

［119］孙晓华，孙瑞，徐帅. 电动汽车产业的网络效应：识别与异质性检验［J］. 中国软科学，2018（4）：132-145.

［120］王先甲，余子鹤. 网络外部性条件下差异化双边平台买者参与问题［J］. 运筹与管理，2018，27（4）：1-9.

［121］胥莉，王耀斌，陈丽. 广告支持型双边市场的网络效应——即时通讯市场的实证分析［J］. 系统管理学报，2008，17（6）：615-621.

［122］边慎，蔡志杰. 期望效用理论与前景理论的一致性［J］. 经济学（季刊），2005，5（4）：265-276.

［123］ALLAIS M. Le comportement de l'homme rationnel devant le risque：Critique des postulats et axioms de l'ecole Americaine［J］. Econometrica，1953（21）：503-546.

［124］HAKANSSON N H. Friedman-Savage Utility Functions Consistent With Risk Aversion［J］. Quart J Econ，1970，84（3）：472-487.

［125］KAHNEMAN D，TVERSKY A. Prospect Theory：An Analysis of Decision under Risk［J］. Econometrica，1979，47（2）：263-292.

［126］EBERT S，STRACK P. Until the bitter end：on prospect theory in a dynamic context［J］. Amer Econ Rev，2015，105（4）：1618-1633.

［127］张波，隽志才，倪安宁．基于累积前景理论的动态交通流演化博弈模型［J］．管理工程学报，2014，28（3）：164-173.

［128］TVERSKY A，KAHNEMAN D. Advances in prospect theory：cumulative representation of uncertainty［J］．J Risk Uncertainty，1992（5）：232-297.

［129］LIU X. A Sample Survey Based Linguistic MADM Method with Prospect Theory for Online Shopping Problems［J］．Group Decision & Negotiation，25（4）：749-774.

［130］谢文容，陈宏民．网络拍卖和固定价格交易卖家收益的比较分析［J］．软科学，2012，26（9）：50-55.

［131］姚远．一种基于累积前景理论的直觉模糊动态决策方法［J］．数学的实践与认识，2019，49（12）：106-115.

［132］余高锋，李登峰，吴坚，等．考虑决策者损失规避的异质信息多属性变权决策方法［J］．中国管理科学，2018，26（9）：141-147.

［133］田丽君，吕成锐，黄海军．基于出行时间区间数和参考点的择路行为研究［J］．系统科学与数学，2018，38（4）：395-405.

［134］胡越秋，王军，董泽华．新冠肺炎疫情防控期间企业复工决策分析——基于行为经济学视角［J］．统计与决策，2020，2020（5）：157-160.

［135］程铁军，于倩雯．基于前景理论的食品企业违规行为分析与治理［J］．南京邮电大学学报：社会科学版，2018，20（3）：38-47.

［136］雷勋平，邱广华．基于前景理论的食品行业行为监管演化博弈分析［J］．系统工程，2016，34（2）：82-88.

［137］陈福集，黄亚驹．基于前景理论的商业化网媒行为监管演化博弈分析［J］．现代情报，2017，37（6）：3-8.

［138］张金华，陈福集，张金鑫．基于前景理论的网络谣言监管三

方演化博弈分析［J］. 情报科学, 2018, 36（10）: 84-88.

［139］高宏玉. 基于前景理论的水污染事件防治行为演化博弈［J］. 中国管理科学, 2015, 23（S1）: 853-859.

［140］张婕, 刘枚莲. 基于前景理论的水污染治理政企合谋监管［J］. 系统工程, 2017, 35（2）: 45-50.

［141］HUANG M, QIAN X, FANG S-C, et al. Winner determination for risk aversion buyers in multi-attribute reverse auction［J］. Omega, 2016（59）: 184-200.

［142］陈文博, 陈浪南, 王升泉. 投资者的博彩行为研究——基于盈亏状态和投资者情绪的视角［J］. 中国管理科学, 2019, 27（2）: 19-30.

［143］何寿奎, 梁功雯, 蒙建波. 基于前景理论的重大工程多主体利益博弈与行为演化机理［J］. 科技管理研究, 2020, 40（5）: 207-214.

［144］施明华, 肖庆宪. 基于前景理论的犹豫模糊语言绿色供应商优选决策［J］. 统计与决策, 2018, 34（21）: 46-50.

［145］张杰, 张雯涵, 江世银. 基于前景理论的高校教师学术失范行为治理机制研究［J］. 高教探索, 2019, 2019（12）: 108-115.

［146］FISKE S T, TAYLOR S E. Social Cognition（2nd Edition）［J］. Mcgraw-Hill Book Company, 1991.

［147］KAHNEMAN D, TVERSKY A. Prospect theory: An analysis of decisions under risk［J］. Econometrica, 1979, 47（2）: 263-291.

［148］RICHARD W M. An Attribution Explanation of the Disproportionate Influence of Unfavorable Information［J］. Journal of Consumer Research, 1982, 9（3）: 301-320.

［149］EPLEY N, GILOVICH T. The anchoring-and-adjustment heuristic: why the adjustments are insufficient［J］. Psychological Science,

2006, 17 (4): 311-318.

[150] LI X, LI J. A freight transport price optimization model with multi bounded - rational customers [J]. Transportation, 2019, 48 (1): 477-504.

[151] KIRSHNER S N, SHAO L. The overconfident and optimistic price-setting newsvendor [J]. European Journal of Operational Research, 2019, 277 (1): 166-173.

[152] 周李文渊, 董圣鸿, 颜玉枝. 花钱不快乐——支付痛感研究述评 [J]. 心理研究, 2021, 14 (1): 44-51.

[153] MCFADDEN D. Conditional logit analysis of qualitative choice behavior in Frontiers [J]. Econometrics, 1974.

[154] DU C, COOPER W L, WANG Z. Optimal Pricing for a Multinomial Logit Choice Model with Network Effects [J]. Operation Research, 2016, 64 (2): 441-455.

[155] RUSMEVICHIENTONG P, TOPALOGLU H. Robust Assortment Optimization in Revenue Management Under the Multinomial Logit Choice Model [J]. Operational research, 2012, 60 (4): 865-882.

[156] WANG X, ZHAO X, LIU B. Design and pricing of extended warranty menus based on the multinomial logit choice model [J]. European Journal of Operational Research, 2020, 287 (1): 237-250.

[157] ZHAO N, WANG Q, CAO P, et al. Pricing decisions with reference price effect and risk preference customers [J]. International Transactions in Operational Research, 2019, 28 (4): 2081-2109.

[158] GALLEGO G, WANG R. Multiproduct Price Optimization and Competition Under the Nested Logit Model with Product-Differentiated Price Sensitivities [J]. Operations Research, 2014, 62 (2): 450-461.

[159] LI H, WEBSTER S. Optimal Pricing of Correlated Product Options Under the Paired Combinatorial Logit Model [J]. Operations Research, 2017, 65 (5): 1215-1230.

[160] MANLEY E J, ORR S W, CHENG T. A heuristic model of bounded route choice in urban areas [J]. Transportation Research Part C: Emerging Technologies, 2015 (56): 195-209.

[161] MANLEY E J, ADDISON J D, CHENG T. Shortest path or anchor-based route choice: a large-scale empirical analysis of minicab routing in London [J]. Journal of Transport Geography, 2015 (43): 123-139.

[162] ABOLHASSANI L, AFGHARI A P, BORZADARAN H M. Public preferences towards bicycle sharing system in developing countries: The case of Mashhad, Iran [J]. Sustainable Cities and Society, 2019 (44): 763-773.

[163] FENG G, LI X, WANG Z. Technical Note—On the Relation Between Several Discrete Choice Models [J]. Operations Research, 2017, 65 (6): 1516-1525.

[164] 莫赞，李燕飞．在线评论对消费者购买行为的影响研究——消费者学习视角 [J]．现代情报，2015，35 (9)：3-7.

[165] 卞亦文，闫欣，杨列勋．社会学习视角下运营管理决策研究 [J]．管理科学学报，2019，22 (5)：18-30.

[166] 王安宁，张强，彭张林，等．在线评论的行为影响与价值应用研究综述 [J]．中国管理科学，2021，29 (12)：191-202.

[167] KEM Z K ZHANG S J Z, CHRISTY M K CHEUNG, MATTHEW K O LEE. Examining the influence of online reviews on consumers' decision-making: A heuristic-systematic model [J]. Decision support systems, 2014 (67): 78-89.

[168] ANDERSON E T, SIMESTER D I. Reviews Without a Purchase: Low Ratings, Loyal Customers, and Deception [J]. Journal of marketing research, 2014, 51 (3): 249-69.

[169] 朱丽叶，袁登华，张静宜．在线用户评论质量与评论者等级对消费者购买意愿的影响——产品卷入度的调节作用 [J]．管理评论，2017，29 (2)：87-96.

[170] 石文华，张绮，蔡嘉龙．在线评论矛盾性对消费者矛盾态度和购买意愿的影响研究 [J]．管理评论，2018，30 (7)：77-88.

[171] 王伟，王洪伟．特征观点对购买意愿的影响：在线评论的情感分析方法 [J]．系统工程理论与实践，2016，36 (1)：63-76.

[172] 刘洋，廖貅武，刘莹．在线评论对应用软件及平台定价策略的影响 [J]．系统工程学报，2014，29 (4)：560-570.

[173] CUI ZHAO, ZHANG Y. Dynamic quality and pricing decisions in customer-intensive service systems with online reviews [J]. International Journal of Production Research, 2019, 57 (18): 5725-5748.

[174] YANG W, ZHANG J, YAN H. Impacts of online consumer reviews on a dual-channel supply chain [J]. Omega, 2021.

[175] LI Y, XIONG Y, MARIUZZO F, et al. The underexplored impacts of online consumer reviews: Pricing and new product design strategies in the O2O supply chain [J]. International Journal of Production Economics, 2021, 237.

[176] GODES D. Product Policy in Markets with Word-of-MouthCommunication [J]. Management science, 2017, 63 (1): 267-278.

[177] MORENTE-MOLINERA J A, KOU G, SAMUYLOV K, et al. Carrying out consensual Group Decision Making processes under social networks using sentiment analysis over comparative expressions [J]. Knowledge-Based

systems, 2019 (165): 335-345.

[178] 王安宁, 张强, 彭张林, 等. 融合特征情感和产品参数的客户感知偏好模型 [J]. 中国管理科学, 2020, 28 (9): 199-208.

[179] 郝玫, 马建峰. 在线评论中基于动态窗口提取特征观点对的产品推荐模型 [J]. 系统工程理论与实践, 2018, 38 (9): 2363-2375.

[180] 沈超, 王安宁, 方钊, 等. 基于在线评论数据的产品需求趋势挖掘 [J]. 中国管理科学, 2021, 29 (5): 211-220.

[181] 国显达, 那日萨, 崔少泽. 基于 CNN-BiLSTM 的消费者网络评论情感分析 [J]. 系统工程理论与实践, 2020, 40 (3): 653-663.

[182] JIANG Y, GUO H. Design of Consumer Review Systems and Product Pricing [J]. Information systems research, 2015, 26 (4): 714-730.

[183] KATZ M L, SHAPIRO C. Network externalities, competition, and compatibility [J]. The American economic review, 1985, 75 (3): 424-440.

[184] 段永瑞, 戈瑶. 考虑网络外部性的在线广告定价策略研究 [J]. 工业工程与管理, 2020, 25 (3): 146-52.

[185] 赵道致, 杨洁, 李志保. 考虑等待时间的网约车与出租车均衡定价研究 [J]. 系统工程理论与实践, 2020, 40 (5): 1229-1241.

[186] 曹裕, 杨熙龙, 吴堪. 手机与电信服务捆绑销售供应链运营决策研究 [J]. 系统工程理论与实践, 2021, 41 (4): 919-931.

[187] KARLIN S. Total positivity [M]. Redwood City: Stanford University Press, 1968.

[188] ADAMS W J, YELLEN J L. Commodity Bundling and the Burden of Monopoly [J]. The Quarterly Journal of Economics, 1976, 90 (3): 475-498.

[189] GUO X L, ZHENG S M, YU Y G, et al. Optimal Bundling Strategy for a Retail Platform Under Agency Selling [J]. Production and Op-

erations Management.

[190] ZHOU S, SONG B, GAVIRNENI S J E J O O R. Bundling decisions in a two-product duopoly - Lead or follow? [J]. European Journal of Operational Research, 2020, 284 (3): 980-989.

[191] GOKGUR B, KARABATI S. Dynamic and targeted bundle pricing of two independently valued products [J]. European Journal of Operational Research, 2019, 279 (1): 184-198.

[192] PANG M-S, ETZION H. Analyzing Pricing Strategies for Online Services with Network Effects [J]. Information Systems Research, 2012, 23 (4): 1364-1377.

[193] ASGHARI M, YOUSEFI S, NIYATO D. An Analysis of Service Bundles of Mobile Network Operators with Free Services Included [J]. IEEE Transactions on Mobile Computing, 2020, 19 (8): 1789-1803.

[194] CHEN T, YANG F, GUO X L. Optimal bundling in a distribution channel in the presence of substitutability and complementarity [J]. International Journal of Production Research, 2021, 59 (4): 1145-1165.

[195] ZHANG Z, LUO X, ZHAO L, et al. Intertemporal pricing strategy for partial mixed bundling; proceedings of the 2019 Chinese Control And Decision Conference (CCDC), F, 2019 [C] Northeastern University; Chinese Association of Automation Information Physical System Control and Decision Committee, June 3-5, 1999. Nanchang: 4616-4619.

[196] XU B, YAO Z, TANG P. Pricing strategies for information products with network effects and complementary services in a duopolistic market [J]. International Journal of Production Research, 2018, 56 (11-12): 4243-4263.

[197] ABU ALSHEIKH M, HOANG D T, NIYATO D, et al. Optimal

Pricing of Internet of Things: A Machine Learning Approach [J]. IEEE Journal on Selected Areas In Communications, 2020, 38 (4): 669-684.

[198] ZHOU J. Competitive Bundling [J]. Econometrica, 2017, 85 (1): 145-172.

[199] ZHANG Q, GAO J. Transferability of extended warranty in the presence of a P2P secondary market [J]. Computers & Industrial Engineering, 2021, 160.

[200] 李四杰, 尚优, 贾东峰. 竞争-竞争市场结构下的互补产品捆绑策略 [J]. 系统工程学报, 2020, 35 (6): 748-759.

[201] 杨光勇, 计国君. 捆绑策略对于低性能产品引入的价值 [J]. 管理科学学报, 2017, 20 (4): 84-100.

[202] 潘林, 周水银, 马士华. 供应链环境下零售商互补产品捆绑销售决策研究 [J]. 管理工程学报, 2018, 32 (4): 118-125.

[203] 程岩. 电子商务中面向延迟购买行为的易逝品动态捆绑策略 [J]. 系统工程理论与实践, 2011, 31 (10): 1892-1902.

[204] LI Z Y, NAN G F, LI M Q. Advertising or Freemium: The Impacts of Social Effects and Service Quality on Competing Platforms [J]. IEEE Transactions on Engineering Management, 2020, 67 (1): 220-233.

[205] 段永瑞, 尹佳. 基于巴斯模型的消费者推荐奖励和广告投入动态定价决策 [J]. 中国管理科学, 2020, 28 (8): 65-75.

[206] GENG, CHEN. Optimal Pricing of Virtual Goods with Conspicuous Features in a Freemium Model Commerce [J]. International Journal of Electronic, 2019, 23 (3): 427-449.

[207] APPEL G, LIBAI B, MULLER E, et al. On the monetization of mobile apps Marketing [J]. International Journal of Research in 2020, 37 (1): 93-107.

[208] SATO S. Freemium as optimal menu pricing [J]. International Journal of Industrial Organization, 2019 (63): 480-510.

[209] ZIXUAN M, LIN H, YONG T. Freemium Pricing in Digital Games with Virtual Currency [J]. Information Systems Research, 2021, 32 (2): 481-496.

[210] SHI Z J, ZHANG K F, SRINIVASAN K. Freemium as an Optimal Strategy for Market Dominant Firms [J]. Marketing Science, 2019, 38 (1): 150-169.

[211] 李志鹏，解婷，陈莎．口碑效应下网络视频定价与广告投放最优决策 [J]．中国管理科学，2022，30 (3): 230-239.

[212] LI Y, LI B, ZHENG W, et al. Reveal or hide? Impact of demonstration on pricing decisions considering showrooming behavior [J]. Omega, 2021, 102.

[213] LI F, DU T C-T, WEI Y. Offensive pricing strategies for online platforms [J]. International Journal of Production Economics, 2019 (216): 287-304.

[214] HANSON W, MARTIN K. Optimizing Multinomial Logit Profit Functions [J]. Management Science, 1996, 42 (7): 992-1003.